BLUES POUR JIMI HENDRIX

DU MÊME AUTEUR

Récits

La Légende du Baron rouge, Fayard, 2009 (prix Guynemer).

Juré, Flammarion, 2005 (prix Comte de Monte-Cristo).

Contes des années folles, Seuil, 2004.

Contes du Mississippi, Seuil, 2002.

Jeux de Roumain, jeux de vilains, Baleine/Seuil, « Le Poulpe », 2000.

Livres Musique

Michael Jackson, la chute de l'ange, L'Archipel, 2009.

James Brown, Gallimard, 2007.

Ben Harper, Le Castor Astral, 2006.

Bob Dylan, Épitaphes 11, Flammarion, 2004 (prix *Crossroads* du meilleur livre musical).

John Lee Hooker, Librio, 2001.

Le Blues, portraits au hasard des routes, Librio, 2000.

Brian Jones, l'âme sacrifiée des Rolling Stones, Le Castor Astral, 1998.

Stéphane Koechlin

BLUES POUR JIMI HENDRIX

« Castor Music »
Le Castor Astral

BLUES POUR JIMI HENDRIX
est le huit cent vingtième ouvrage
publié par Le Castor Astral

À Sophie et Chantal K, pour leur chaleur et leurs bons conseils.
Et à mon père, Philippe Koechlin (1938-1996), sans qui nous
n'aurions peut-être pas connu Jimi Hendrix.

Un livre publié sous la direction de
Jean-Yves Reuzeau.

Photographie de couverture :
Jimi Hendrix, le 30 janvier 1968,

www.castorastral.com

castor.editeur@wanadoo.fr
53 rue Carnot 33130 Bègles
ISBN 978-2-85920-820-2

Yazid présente

INVITATION À LA SOIRÉE

JIMI HENDRIX

À l'OLYMPIA DE PARIS.

15 septembre 1990.
À partir de 19 heures.

Avec
Noel Redding, Curtis Knight,
Eric Burdon

et des invités surprises…

Invitation valable
pour deux personnes.

Yazid colle les enveloppes. Bien décidé à bâtir sa légende, il prépare la plus grande soirée de l'univers, à l'Olympia. La nuit s'étend sur la ville, tout en bas. Une petite lampe éclaire le coin de son bureau. L'obscurité a envahi le reste de l'appartement. La pile de courrier monte devant lui. Des dizaines et des dizaines de cartons à envoyer. Il regarde celui qui se trouve au-dessus : Noel Redding, Cork, Irlande. Sur un autre, il a écrit : Eric Burdon, Los Angeles. Et en dessous figure encore une adresse. Curtis Knight, Londres... D'une main pressée, il griffonne un nom : Jimi Hendrix, Greenwood Cemetery, Renton. Les morts aussi feront une apparition. En état de transe, le jeune garçon se sent magique, capable de tous les miracles. Il enverra une invitation à la « dernière demeure » du musicien, sans se soucier de l'endroit où tombera sa lettre, dans le Paradis ou l'Enfer de son idole. Il saisit une autre enveloppe et marque un nom : Janis Joplin... Vingt ans plus tôt, les cendres de la grande chanteuse ont été dispersées aux quatre vents, mais il lancera la missive jusqu'à l'un des domiciles connus de Janis, situé au 122 Lyon Street, à San Francisco, dans le quartier de Haight Ashbury.

En apprenant la disparition de Jimi, le 18 septembre 1970, Janis s'était efforcée de dissimuler ses sentiments derrière des propos égotistes. Elle n'avait d'abord pas su comment réagir. « Qu'est-ce que vous voulez que je dise ? Repose en paix ? » Elle ne put s'empêcher de se demander ce que les journalistes écriraient à son sujet après sa mort, et jura de surveiller ses consommations de drogues et d'alcool. Elle confia à son amie et biographe Myra Friedman : « Je peux tout de même pas partir la même année que lui, vu qu'il est plus célèbre que moi. » Deux rock stars ne pouvaient mourir au même moment. Pourtant, Janis craignait le mauvais sort que Jimi, « l'Enfant vaudou », lui avait inconsciemment jeté. Le dimanche 4 octobre 1970, elle chuta dans un petit hôtel hollywoodien et ne se releva plus. Overdose.

Personne ne connaît encore très bien Yazid, ce jeune Noir qui semble avoir accompli une si longue marche pour devenir l'homme le plus courtisé de Paris. Il a établi une liste d'invités, voyageurs, journalistes, musiciens, photographes, écrivains, producteurs... L'autre gardien du mythe, ancien détenteur des droits, Alan Douglas, lui a envoyé un télégramme. « N'avez-vous jamais pensé célébrer l'anniversaire de Jimi plutôt que sa mort ? Je suis toujours ravi de rencontrer quelqu'un qui admire Jimi, comme vous. »

Une jeune femme, Rosa Lee Brooks, l'a récompensé d'une correspondance plutôt enflammée et riche de souvenirs. Elle a jadis écrit un beau thème, « My Diary », mais Arthur Lee, le chanteur du groupe folk psyché Love, lui en a contesté la paternité. Elle raconte comment la petite flamme éclaira son imaginaire. Après une belle nuit d'amour, Jimi

Hendrix aurait rédigé à son intention une lettre magnifique, inspirant sa future composition.

Yazid a reçu d'autres appels et courriers. Passionnés, poètes, prêtresses, mélomanes, célébrités – Eric Clapton ? Bob Dylan ? – rêvent de pénétrer le sanctuaire, de participer au vingtième anniversaire de la disparition de Jimi Hendrix. Quelque chose de magique flotte dans l'air. Les privilégiés guettent la soirée, impatients de croiser des témoins historiques, des revenants, de retrouver leur jeunesse.

YAZID PRÉSENTE : JIMI'S BACK.
Quelques aventures de Jimi Hendrix.

LE GUETTEUR DE LA TOUR

YAZID EST LE GARDIEN D'UN MORT. Celui qui pose les fleurs, nettoie le mausolée, tient le livre d'or, comme Anubis dans la mythologie égyptienne. Je ne l'ai jamais vu que la nuit, après le coucher du soleil, quand les rêveurs et les passionnés prennent la place des travailleurs mécaniques. Lorsque l'ombre recouvre la ville, il jaillit derrière vous, magnétisant de sa présence les maisons de musique, les bars, là où les sons vivent et l'invoquent. Chaque fois que je me rends à un concert, je le guette, comme si nous nous étions fixé un rendez-vous imaginaire. Une heure, deux heures ! Que fait-il ? Puis, le spectacle commence, et je finis par oublier mon visiteur de minuit, quand une silhouette traverse l'ombre. C'est lui ! Je le vois sombre et lumineux, agité de cette flamme inextinguible, insaisissable. Il apparaît et disparaît telle une étoile, mi-oriental, mi-africain, sorti d'un songe des *Mille et Une Nuits*, infatigable conteur, arpentant Paris comme ces marcheurs kenyans venus de très loin. Il ne reste jamais très longtemps, peut-être parce qu'il doit traverser la cité sans tarder, rentrer on ne sait où, regagner sa citrouille, ou retrouver le tombeau qui l'attend : une statue quelque part entre le ciel et notre mémoire, celle d'un illustre martyr, d'un enfant vaudou à qui il a consacré sa vie, Jimi Hendrix !

Je ne lui ai jamais avoué que j'étais moi aussi passionné par Jimi. Sans doute l'a-t-il deviné. J'aime sa légèreté de marcheur. J'observe ses baskets, son T-shirt bleu, son pantalon sombre. Il appartient tout entier à la nuit, mais si une certaine poésie le suit, il porte des vêtements de ville assez banals. Seul l'éclat de ses yeux trahit la fièvre qui le consume et son énergie surnaturelle.

Je n'ai jamais voulu écrire un livre sur le génial musicien, par crainte de profaner un jardin dont Yazid garde jalousement l'accès, nous interdisant, sans le vouloir, d'y pénétrer. Il nous l'a fait sentir au fil des ans : toucher à Jimi n'est pas innocent. C'est un geste précieux qui demande délicatesse et sentiment. Nulle approximation ou laisser-aller sous peine d'excommunication. Et dans le fond, je le comprends. Je regrette suffisamment chaque jour la perte de certaines valeurs, le triomphe du matérialisme, pour m'indigner de voir un garçon défendre une région sacrée. J'ai toujours pensé qu'en prononçant ses vibrantes homélies, il avait redonné au grand guitariste une autre vie. Peu de musiciens disparus ont la chance d'avoir un messager sur terre qui exprime leur volonté, les sert avec la patience d'un ange. Attention ! nous prévient-il. Jimi, c'est Quetzalcoatl, la divinité à corps de serpent chez les Aztèques. Une matière mouvante, une âme encore trempée de tous les sacrifices et immolations perpétrés sur les grands autels du rock.

Durant toutes ces années, Yazid a conservé son allure légère, incapable de vieillir, accroché à son éternelle jeunesse.

Je me demandais combien de temps un tel émerveillement durerait. Finirait-il par se voûter, prendre des cheveux blancs ? Où dormait-il ? À la belle étoile ? À côté de Jimi ? Je l'ai rencontré une fois dans une soirée chez une jeune fille qui souhaitait peut-être le connaître un peu mieux et ne lui cachait pas son attirance. Il s'enfonçait dans le canapé moelleux, sous la lumière trop vive qu'il éloignait de la main, immobile comme une statue. La conversation tournait autour des vacances, des voyages, de l'amour. Yazid gardait un silence étrange, abrité derrière son mur, ses secrets enfouis sous sa pudeur. Il s'anima à la fin lorsque le cercle des amis évoqua la musique, le blues. Oubliant sa timidité, il retrouva sa verve habituelle, heureux de s'agripper à cette passion, seule intimité qu'il parvenait à dévoiler.

Dès qu'il abandonnait à nouveau la civilisation pour l'ombre et les nuits, il recouvrait cette magie qu'il avait perdue. Il s'approchait de moi, en pleine obscurité, tandis qu'un merveilleux groupe pop anglais programmé au festival des *Inrockuptibles* déversait sa liturgie. Il fouillait dans sa hotte de Père Noël et en sortait livres, disques, objets, les distribuait, puis repartait. Je savais que je ne le reverrai plus avant la prochaine nuit musicale. Je n'étais même jamais certain de le retrouver. De même que le millionnaire ivre dans *Les Lumières de la ville* ne se souvient de Charlot que saoul, Yazid me parlait après le coucher du soleil et sur des notes de musique. Mais si je l'avais croisé en plein jour et dans le silence, il ne m'aurait peut-être pas reconnu. Parfois, il ne venait pas, et je le guettai en vain comme nous attendions le fantôme de Madame Muir dans le beau film de Mankiewicz.

J'ai l'impression de l'avoir toujours connu, en tout cas depuis que je suis journaliste. Il m'a fallu beaucoup travailler, tenir, résister pour approcher le messager et partager son étrange mission. Aussi loin que portent mes souvenirs, je l'ai découvert au New Morning, dans cette ancienne imprimerie charbonnée, aux murs défraîchis, devenue le prestigieux temple du jazz et du blues à Paris. Là-bas, Yazid circule tel un passe-muraille, entre et sort comme il le désire, sans blanc-seing ni formules. Il apporte aux musiciens nourriture et boissons, veille à leur confort, respecte leurs souhaits, essaie le piano, sert au bar, va chercher les artistes à la Gare du Nord ou à Roissy, expédie chaque mois les programmes au public. Lorsque la salle est bondée, il trouve des chaises et les propose aux femmes enceintes ou aux personnes âgées. Parfois, il tient aussi la caisse.

Il aime ce quartier populaire, ses rues sales et grouillantes où les restaurants turcs et indiens chevauchent les coiffeurs africains. Les camions déchargent leurs cageots devant les vendeurs de fruits, entre les passages miracles cloîtrés par des grilles et les bistrots remplis de Maghrébins épuisés. Des tambours emplissent l'air poisseux, au-dessus de poubelles à moitié renversées et de monticules de détritus. Près d'un garage, un néon blanc terni domine la rue des Petites-Écuries, surmonte une porte en métal tapissée d'affiches, de programmes. Pendant la journée, elle demeure verrouillée comme un coffre-fort, mais dès que le soir tombe, un petit attroupement se forme sur le trottoir, gagne la chaussée. Les voitures circulent parmi la foule. Le mur d'acier s'ouvre comme une boîte à musique et libère une lumière dorée, chaude, qui repousse le jour bleuté. Les couples, étudiants et artistes, s'y glissent lentement jusqu'à disparaître. Yazid revoit la séquence du film de Bertrand Tavernier, *Autour de minuit*, où le héros trépigne devant le Blue Note. Il pleut et le garçon, trempé, observe l'enseigne, la porte entrebâillée d'où s'échappe la respiration d'un saxophone. Puis, l'eau s'égoutte sur le bitume, inlassablement... Mais à l'abri des vieilles pierres, il fait chaud, et la musique vous rassure.

Yazid a toujours prêté aux lieux de nuit un grand romantisme. Il avait l'impression qu'en pénétrant au New Morning, il transformerait son existence, vivrait un rêve à la manière de Judy Garland dans *Le Magicien d'Oz*. Il supplia sa mère de lui prêter un peu d'argent pour accéder au sanctuaire, et s'y rendit un soir. Il découvrit ce plafond bas, noirâtre, que soutient un large pilier, et plus loin, la petite scène. De chaque côté, des lampes jaunies éclairent affiches et photos, publicités, et se reflètent sur le bar en bois, lustré, rebondissent contre les glaces où sont inscrites les consommations. Le public envahit la fosse autour des tables et sur les marches. À droite, au fond, une porte dévoile un escalier exigu, tombant dans les entrailles du club, l'antichambre qui excite l'imaginaire. Car les jazzmen s'y regroupent avant de paraître en public, assis comme dans un entrepôt, leurs instruments biscornus et dorés posés sur les genoux. On imagine leurs belles gueules noires et leurs conversations incompréhensibles. Ils viennent parfois de très loin et de l'Histoire. C'est ainsi que Yazid vit apparaître par l'interstice le bassiste Stanley Clarke. L'homme possédait la magnificence du Noir impérial dont la beauté et l'énergie paraissaient trop intenses sous le plafond crasseux. Yazid écouta et sortit, ébloui par le swing. La nuit était douce, et les métros avaient depuis longtemps regagné leur garage. Il entama un long marathon à pied jusqu'à son domicile et, en chemin, remarqua sur la chaussée un billet de cent francs tout froissé, qu'il ramassa et glissa dans sa poche. Prendrait-il un taxi ? Non, il marcherait, et avec ce cadeau du ciel, s'offrirait une seconde soirée au New Morning. Il n'en repartit plus jamais et intégra une drôle de famille, séparée du monde, qui attirait les légendes, comme si, actionnant la lampe merveilleuse, cachée, du New, il libérait les grands artistes des dictionnaires et les faisait apparaître devant le volet de métal. Un soir, il aperçut Miles Davis sur le trottoir d'en face. Le trompettiste tournait une scène de *Dingo*, un film australien avec Bernadette Lafont et Bernard Fresson, qui n'obtiendrait aucun succès. Yazid n'hésita pas et traversa la rue des Petites-Écuries. Il souhaitait inviter Miles à l'Olympia. Au moment d'aborder le sombre musicien aux lunettes noires, une terreur s'empara de lui. Il ne craignait pas le caractère ombrageux du trompettiste, mais se rappela que Jimi lui avait volé sa femme, et ce simple souvenir le pétrifia. Partageait-il une responsabilité dans les actes de Hendrix ? Il bredouilla plusieurs mots incompréhensibles, et Miles, impatient, lança : « Talk to my manager ! » Puis, il s'éloigna. Yazid le suivit jusqu'à la Brasserie Mollard où se déroulait une autre séquence, et parvint à se mêler aux techniciens, à converser avec l'ancien coiffeur de Jimi Hendrix, James Finley, sans parvenir à saisir un mot de ce qu'il disait.

C'est donc entre ces murs où il touchait la féerie que j'ai rencontré Yazid, bien après sa fameuse soirée de l'Olympia dont il était encore tout auréolé. Il virevoltait, disparaissait, repérait les invités. Il s'était lié d'amitié avec un bluesman de Chicago dont la guitare ressemblait à un gril. Luther Allison avait perdu de sa flamboyance des années 1970, mais éclairait toujours les soirées du 10e arrondissement en jouant des morceaux merveilleusement plaintifs, déchirés. Yazid y accueillit le guitariste et chanteur Ben Harper, alors méconnu, qui, en le voyant, prévenu de sa flamme, déversa soudainement, pendant une répétition, la flambée moite de « Voodoo Child (slight return) », et lui adressa un signe de victoire. Le jeune garçon se présentait aux musiciens en disant : « Vous rencontrez le fan de Hendrix le plus dingue ! » Il ne sait plus combien de fois il a prononcé cette phrase, sorte de sauf-conduit auprès des célébrités. Le cinéaste Spike Lee s'en amusa. Yazid le croisa au Divan du Monde à un spectacle de soul. Le réalisateur de *Nola Darling n'en fait qu'à sa tête* (1986) et *Mo' Better Blues* (1990), de petite taille, le visage mangé par des lunettes, toisait les Blancs massés devant lui. Il s'était installé au balcon afin de mieux voir la scène lorsque le messager de Hendrix l'aperçut et l'aborda, et il s'était arrêté, intrigué. Quelque chose, chez ce garçon, l'avait attiré. Il l'écouta, prêt à le suivre à travers le dédale parisien, à emprunter tous les passages. Le jeune Français pouvait converser sans perdre une miette de ce qui se passait autour de lui. Son regard plongea vers l'entrée, accrocha une fantasque figure noire, près de la console, et il laissa échapper : « Prince est arrivé ! » Spike ouvrit de grands yeux. « Prince ? Il est où ? Je veux le voir ! » Et Yazid orchestra la rencontre. Il n'a jamais su ce que les deux hommes ont pu alors se raconter, mais il récupéra Spike et s'engouffra dans la limousine du cinéaste pour le conduire au New Morning.

Yazid appréciait ce genre d'équipée en compagnie de célébrités, mais il dut quitter la salle car un autre concert l'attendait. Il apprit plus tard que, après son départ, Prince était monté sur la scène du New et avait donné un concert sauvage. Le chanteur funky ne prévenait jamais. Il aimait jaillir tard dans la nuit, sortir tel un génie de sa cachette, vêtu de sa combinaison blanche pailletée ou d'une tunique sombre aux motifs argentés. Yazid avait manqué la belle surprise. Pour lui, rater un événement ressemblait à un petit trépas. Il abhorrait la malchance, ressassait pendant des années les mauvaises inspirations du moment, craignant de perdre la connexion suprême qui rendait ses nuits miraculeuses. Pourtant, il avait présidé au rapprochement de Spike et de Prince, et quelque mois plus tard, les deux artistes collaborèrent sur le film *Girl 6*.

Il surveillait donc le monde de la musique avec beaucoup de sagacité. Je venais voir Luther ou Ben, et je retrouvais Yazid, rêve incarné d'une aventure musicale. Avait-il une réalité ? J'en ai longtemps douté. Nous prenions un verre, puis, vers minuit, il s'éloignait, à pied, sa besace solidement accrochée à ses épaules, regagnant un territoire que j'ignorais et d'où m'arrivaient ces courriers chargés d'informations sur Jimi. J'avais l'impression qu'il me donnait des nouvelles d'un vieil ami parti pour un très long voyage. Avec Yazid, la mort n'existe pas. J'ai un jour décidé de le rejoindre, de percer les arcanes de ce mystérieux solitaire à la passion mystique.

*

Des terrains vagues s'étendent, sans frontière, s'échappant au-delà de l'horizon informe entre les sentinelles de pierre. Au sommet d'une tour – la *watchtower* – qui se perd à travers les nuages, une petite lueur étincelle derrière une vitre. Yazid vit tout là-haut, avec sa mère, dans une maison rouge. C'est un vaste salon en plein ciel qu'occupent des meubles hétéroclites, coupes d'argent, tableaux, un téléviseur hors d'âge. Un canapé fatigué allonge ses bras le long de murs délavés, et sur de vieilles étagères s'entassent pêle-mêle livres, cassettes vidéo, quelques disques... Au milieu trône un ordinateur, en permanence allumé, dont la forte lumière phosphorescente balaie toute la pièce, brassant les milliers d'informations venues du globe. Assis devant son large bureau, Yazid se balance au fond de son fauteuil en cuir, comme un pilote accroché à son tableau de bord. Il envoie ses courriels en France et partout dans le monde, passe son temps à répondre à des questions sur le grand guitariste. Il guide les âmes dans le dédale de l'œuvre hendrixienne.

Il ne bouge pas, s'adonne à sa passion première : le récit. Yazid raconte. Je n'aperçois pas beaucoup de disques dans son vieux vaisseau des années 1970, mais peu importe, car grimper jusqu'à son étage revient à voyager à travers le temps. Il ne collectionne aucun objet. Peut-être dissimule-t-il son butin quelque part, peut-être entretient-il un musée à la mémoire de son héros ?

Une délicieuse odeur de cuisson embaume le salon. Sa mère, une charmante femme de petite taille, apparaît, enveloppée d'une soyeuse robe dorée, les cheveux entourés d'un foulard brun. Elle a préparé des beignets avec de la confiture et pose délicatement le plat sur un coin du bureau. Un large sourire irradie son visage tandis que ses grands yeux vifs vous interrogent derrière ses lunettes. « Ma mère... Djima... », murmure Yazid. Le prénom signifie « vendredi ». Il m'a souvent parlé d'elle comme d'une présence tutélaire, essentielle, employée modèle de sa petite entreprise bâtie sur les semences d'un mort dynamique et les beautés vivantes de la musique noire.

Djima s'attarde. Elle aime bien parler, rencontrer des visiteurs, connaître les nouveaux secrets de son fils. La passion de Yazid l'a emportée bien malgré elle. « J'écoute plutôt de la musique classique, dit-elle. Je n'ai pu faire autrement qu'écouter Jimi Hendrix. Au début, je lui disais : mais Jimi, il est mort. Comment tu vas faire ? Occupe-toi des vivants. Bon, il a fini par trouver des vivants quand même. Et cela nous a fait vivre. Tant mieux que mon fils ait eu du succès avec cette musique. Je l'accompagne rarement, mais j'ai assisté à sa grande soirée hommage de l'Olympia. Je suis aussi allée à l'exposition de la Cité de la Musique, et j'ai même serré la main de Johnny Hallyday. » Et elle rit. « Parfois, les gens ont l'impression qu'on doit gagner beaucoup d'argent avec tout ça. Mais non... C'est sa passion. Il a fini par prendre quelques leçons de gestion. Yazid, il ne savait pas trop comment réclamer les factures. Une fois que je lui ai expliqué, il a tout compris. Après, je lui ai dit qu'il fallait augmenter les tarifs, mais il voulait pas. Il me disait : mais maman, je ne fais pas ça pour l'argent ! Et je lui disais : il nous en faut pour payer les charges. Bon, notre petite société lui permet au moins d'être indépendant. »

Elle se retire en silence dans la petite pièce voisine qu'elle a aménagée en salle de prière. Des tapis orientaux, aux enluminures flavescentes, recouvrent le sol. Au fond, contre un mur vierge, se trouvent une petite table et une chaise en bois. Djima s'agenouille et médite. Nés musulmans, elle et son mari ne pratiquaient plus depuis de longues années, jusqu'au jour où un croyant fervent échauffa leur esprit. Cet ami venait déjeuner le dimanche, et se livrait à des panégyriques de l'Islam, discours si exaltés que ses visites s'achevaient en lectures du Coran. Djima l'écoutait sans rien dire, bien plus sensible que son époux. Au début, elle assista aux offices dans des appartements, des salles aménagées, mais la destruction des locaux l'obligea à voyager plus loin, à l'autre bout de la ville. Depuis, elle prend les transports en commun et revient le soir, épuisée. Des coreligionnaires la ramènent parfois en voiture. Sa passion l'a amenée à militer auprès des autorités pour aider à la construction d'une mosquée dans sa ville, et sa requête a abouti. Mais l'édifice tarde à voir le jour, faute de financement. Elle a réussi à édifier un sanctuaire à côté de sa maison au Bénin, reçue en héritage après le décès de son père. Elle y invite ses voisins à des séances d'invocations et organise des soirées de méditation. Elle a même effectué quatre pèlerinages à La Mecque, faisant fi de ses soucis de santé, de la chaleur étouffante et des risques causés par la foule.

Elle aurait bien voulu que son fils suive l'Inspiration, mais il n'a jamais été tenté. Son père l'a toujours défendu : « Laisse-le tranquille ! Ça ne l'intéresse pas ! Respectons ! » Yazid cultive une autre foi, plus étrange, et nous savons laquelle en apercevant sa propre salle de prière, la chambre au bout du couloir, figée dans ses ornements adolescents. Elle ressemble aussi à une cellule monacale autour d'un lit rustique et confortable propre aux maisons de campagne. Des posters et des portraits de Jimi Hendrix décorent les murs, jusqu'à l'antique armoire en acajou. Si vous vous étonnez d'apercevoir pour la première fois une photo, il vous répond : « Tu ne peux pas la connaître », comme si Jimi en personne lui avait confié son album de famille. Le guitariste vit, respire, imprègne toutes les ombres de son donjon. Des images du « Saint » tapissaient le plafond, mais Yazid a dû les enlever. Une petite amie s'en plaignait, gênée de voir, plongeant vers elle, les regards fascinés de l'Idole afro.

De cet endroit de prières voué aux divers dieux, Yazid scrute le firmament. Derrière ses fenêtres, il baisse ses yeux vers la dalle minuscule, les petites formes colorées qui courent entre les énormes pans de murs, les élèves de l'école Paul Langevin où il a accompli sa scolarité. Il a grimpé vers les nuages, mesurant l'ascension qu'il doit à l'enfant vaudou.

Une cloche sonne, un mail vient de tomber. Yazid inspecte sa boîte toutes les deux minutes. Les demandes affluent : « Sais-tu sur quel album se trouve la chanson "Calling All Devil's Children" ? »

Le courriel porte la signature de Philippe Manœuvre, rédacteur en chef de *Rock & Folk*, le plus connu des *rock critics* français. Yazid se tourne vers sa bibliothèque, en tire le guide de référence technique recensant tous les morceaux joués par Hendrix, *From the Benjamin Franklin Studio – A complete guide to the available recordings of Jimi Hendrix and full bootleg discography.* Il l'ouvre, suit les lignes et répond :

– Le morceau ne figure sur aucun album officiel. C'est plutôt du côté des pirates qu'il faut chercher.

Il n'a pas fini d'écrire que le téléphone se met à vibrer.

– Des photos de Billy Cox ? Pour l'instant, je n'ai rien. Peut-être des fans ont-ils créé un site dédié à Billy. Je chercherai.

Billy Cox a été le bassiste du Band of Gypsys, le groupe essentiellement noir que Jimi Hendrix avait monté en 1970 après sa mythique formation de l'Experience.

Yazid ne fait pas que consulter sa boîte, il écrit aussi de belles histoires qu'il envoie à ses connaissances, petites cartes postales rédigées du cœur de son univers onirique. Par sa magie, mon ordinateur aura beaucoup sonné, à n'importe quelle heure, souvent tard le soir.

Aux habitants d'Electric Ladyland,

Hey,

Je vais vous raconter une jolie histoire que j'ai trouvée.

Le week-end dernier, Cindy et moi avons eu le plaisir d'organiser un dîner pour des amis, Rex et Tracy. Tracy est l'agent immobilier qui nous a aidés à acheter notre maison. Rex et Tracy sont deux champions – intelligents et drôles – qui gardent dans leur besace beaucoup d'histoires amusantes, dont celle-ci.

En 1967, Tracy, alors adolescente, vivait à Monterey, en Californie. Elle et son amie obtinrent des accréditations presse pour assister au fameux festival pop. Dimanche, le troisième et dernier jour du festival, Tracy montra son pass et s'assit dans une tribune spéciale pour écouter le concert de Ravi

Shankar. Tracy était belle, et une fleur ornait ses cheveux. Quelques secondes plus tard, un impressionnant jeune homme s'assit à côté d'elle. C'était Jimi Hendrix, et il est resté à côté d'elle pendant toute la durée – trois heures – du spectacle de Ravi. Quand *Monterey Pop*, le documentaire de Pennebaker sur le festival, est sorti l'année suivante, Tracy et son amie sont allées le voir, heureuses de revivre le concert qui les avait tant remuées, mais aussi pour vérifier si elles figuraient dans le film. Tracy vit le plan qui la montrait clairement avec Jimi Hendrix assis à sa droite, pendant le concert de Ravi Shankar. Des années plus tard, voulant partager son plaisir avec sa fille, elle l'emmena voir l'œuvre, mais à sa grande surprise, le plan sur elle et Jimi Hendrix avait été retiré. Quand le film est sorti en vidéo, elle a loué la cassette, pensant que le fameux plan pouvait avoir été réintégré. Pas de chance… La fille de Tracy croyait sa maman, mais voir le plan aurait vraiment donné à sa parole plus de force. L'année dernière, une version allongée en DVD du documentaire a été publiée. Se félicitant de contenir les concerts entiers des nombreux artistes présents sur scène, le DVD contenait probablement le plan perdu de Jimi Hendrix, de Tracy et de sa fleur dans les cheveux. Et effectivement, elle s'est enfin revue!

Stay Cool
Y

En éveil, le Messager se tient sur le pont une bonne partie de la nuit. Les grands artistes souffrent d'insomnies.

Bob Dylan veillait, bâtissait une œuvre océanique, déversant un fleuve ininterrompu de mots, d'émotions et, à l'aube, faisait ouvrir les bars de Greenwich pour tester, devant une audience fatiguée, ses nouvelles chansons. Jimi, lui, dormait avec sa guitare. Dormait-il vraiment ? Un lien mystérieux et travailleur l'unissait à sa machine. Et le jour où, après une nuit de fête et d'errance, il voulut vraiment se reposer dans cet hôtel de Samarkand, à Londres, le 18 septembre 1970, il ne se réveilla pas. Mort durant son sommeil, a-t-on écrit poliment. Puis, il ressuscita et emporta un jeune adolescent noir des années 1970. « Heureux, les serviteurs, que le maître, à son arrivée, trouvera en train de veiller », est-il écrit dans l'Épître de Luc. Depuis, Yazid s'est posté sur cette tour de guet que Jimi Hendrix a célébrée – *All Along the Watchtower* – dans son chef-d'œuvre *Electric Ladyland*, en 1968. Il n'en est jamais redescendu, habitant le cosmos enchanté du grand guitariste.

Et pourtant, Yazid vit bien sur terre. Je connais sa date et son lieu de naissance, 1965, à Nantes, cinq ans avant la mort du « Voodoo Child ». Son père Moussbaï, grandi à Cotonou (Bénin), rencontra Djima, puis séjourna en France où il effectua des études de Droit. Homme brillant et séducteur, il se maria à Paris et eut trois garçons, Yazid, Rachid et Habib. Puis, il installa sa famille à Fontenay-sous-Bois, attiré par ces villes nouvelles qui poussaient à la périphérie des métropoles.

Djima méditait une destinée supérieure pour ses enfants. Au retour d'une soirée où elle avait vu une jeune fille promener ses doigts agiles sur un clavier, elle inscrivit Yazid au Conservatoire. À l'âge de sept ans, il suivit un apprentissage assidu, rempli de concours, d'entraînements acharnés, de soirées perdues à répéter encore et encore. Le plaisir de jouer s'est dissout avec le temps, et l'ancien virtuose s'amuse aujourd'hui à contempler l'étrange piano, échoué à quelques mètres de son ordinateur. Il aurait préféré s'adonner à un instrument nomade, la guitare, qu'il aurait emportée le long du Mississippi, au bout du monde. Cette passion musicale s'est peu à peu retirée de lui, mais, avant d'abdiquer, Yazid a déposé une trace sur une compilation rock que la ville de Fontenay-sous-Bois a produite. Il remplaça son frère Rachid, le musicien de la famille, qui avait oublié de se présenter, et improvisa un morceau de trois minutes baptisé « Sur la grille », sa pièce introuvable.

Quand il commença à faire part de son ennui à poursuivre ses répétitions, Djima exprima sa profonde déception, mais sans insister. Elle avait foi dans l'avenir de son fils. Jusqu'à treize ans, Yazid vécut une enfance sereine. Il aimait son père, admirait ce bel homme à l'allure sportive dont il n'a jamais su finalement grand-chose. Il ignore même son âge véritable, mais croit avoir vu, sur les papiers administratifs, 1936, comme année de sa naissance. Il ne connaît pas davantage sa carrière. Durant toute sa scolarité, dans la case « profession du père », il a griffonné avocat ; sans doute parce que l'homme emmenait parfois ses enfants en visite au palais de justice. Il ne plaidait pas, mais se promenait entre les colonnes. Le jeune garçon, impressionné, le suivait, contemplait les ornements sur les murs, écoutait les échos des pas sur le carrelage, les souvenirs d'une illusion encore prégnante.

Yazid apprit que son père n'était pas encore avocat, comme il l'avait longtemps cru. Il n'a pas la moindre idée de ce que Moussbaï a bien pu fabriquer pendant dix ans. Personne, dans la famille, n'a jamais obtenu de réponse. Le beau parleur racontait qu'il avait couru avec Alain Mimoun, le champion olympique du marathon en 1956 et, le dimanche, musait au bord des pistes, le regard un peu perdu vers de lointaines images. Il entraînait Yazid sur les bandes de sable ocre, et l'été, le faisait jouer au football. Les vacances accomplissaient toujours leurs promesses. Il prenait la 404, embarquait sa famille et parcourait la Bretagne, prêt à assouvir les envies de ses enfants. Lorsque Yazid s'intéressa au tennis de table, son père l'inscrivit à un club, et le jeune compétiteur remporta quelques trophées dont les coupes argentines à l'éclat passé trônent au sommet de son armoire. Mais aucune de ces passions ne fut fécondée. Peut-être les petits airs de musique entendus au début de la soirée l'ont-ils davantage ensorcelé. Du salon, s'échappait de la salsa africaine et beaucoup de blues. Les garçons écoutaient la guitare grasseyante de John Lee Hooker, le prédicateur incantatoire et lyrique de Clarskdale (Mississippi). Moussbaï posait délicatement le saphir, puis se laissait porter, les yeux fermés.

En y songeant, Yazid retrouve la vision d'un papa idéal, pour se rappeler aussitôt la ligne de fracture, le moment où l'harmonie familiale se brisa d'un coup. Moussbaï, le bienfaiteur, se mua en un personnage ombrageux, maussade et autoritaire. Peut-être les déceptions de la vie expliquent-elles cette transformation...

Au seuil de l'adolescence, Yazid ne supporta plus les contraintes du maître. Il voulait sortir, vivre, et ne rentrait pas toujours pour dîner. La nuit commençait à exercer sur lui ses charmes insidieux. À quel prix ! Il essuyait réprimandes, cris, questions incessantes... Son père ne se couchait pas tant que sa petite famille n'avait pas regagné le logis. Yazid le trouvait éveillé, comme une sentinelle, dans le fauteuil du salon juste éclairé par une loupiotte. Cette présence silencieuse effrayait le garçon qui sursautait et courait vite vers sa chambre. Puis, les lumières disparaissaient, et la demeure replongeait dans le silence et l'obscurité.

Un premier cri le secoua, il s'en souviendrait toujours. Après quinze ans de mariage et d'entente, une certaine froideur s'était instaurée entre ses parents. Le couple commença à se quereller. La vision de son père instable, parfois violent, le souvenir des récriminations qu'il infligeait à sa mère alimentèrent ses rancœurs envers le prodigue devenu un intrus sous le toit familial. Yazid a conservé, comme des taches de sang, deux images : sa mère à terre, sa mère en pleurs. Elles le poursuivent, marquant une vive douleur jamais vraiment guérie.

À quinze ans, il s'enferma en lui-même, incapable de parler à ce tourmenteur. Aujourd'hui encore, il se garde bien d'évoquer un personnage qui commença à disparaître de sa vie lorsque Djima demanda le divorce au début des années 1980. Elle voulait que son époux quitte le foyer. Au bout d'un combat long et difficile, elle parvint à ses fins, à leur grand soulagement. Yazid l'a toujours défendue, se tenant auprès d'elle comme un gardien. « C'est la meilleure mère au monde, dit-il. Généreuse, adorable. Le cordon ombilical que je ne peux toujours pas couper. Elle s'est battue pour nous. » Ensuite, par un mauvais coup du sort, elle perdit son travail. Comment une Noire de cinquante ans retrouverait-elle un emploi ? Elle adressa des dizaines de demandes, entassant sur son bureau les lettres de refus. Cet échec meurtrit profondément Yazid, désolé de voir une femme aussi intelligente expulsée du jeu social. Elle avait obtenu jeune un diplôme d'expertise comptable. Il a toujours admiré sa longanimité. Malgré le manque d'argent, elle a réussi à nourrir ses trois garçons, sans jamais se plaindre. Bien plus tard, Yazid apprendrait qu'elle faisait des heures de ménage, et s'était bien gardée de le dire. Seule importait pour elle la survie de sa progéniture. Elle réclama à son mari une pension. Celui-ci gagnait bien sa vie et avait même déclaré ses trois enfants, obtenant ainsi une revalorisation de son salaire, dont il ne reversait rien à sa famille. Sa mère s'efforça de toucher la somme due.

Moussbaï réapparut, accomplissant une visite éclair à Paris, en quête d'une ambiance familiale chère à sa mémoire. « Tu fais quoi ? Une soirée ? Pourquoi ? » demanda-t-il à son fils. Yazid n'eut pas le temps de lui expliquer l'enjeu de cette nuit qui changerait sa vie et l'élèverait à une dimension surnaturelle. Il revit son père dix ans plus tard, lors d'un court voyage dans la petite ville de Porto Novo, au sud du Bénin. Sa mère avait tenu à ce que son aîné rende visite au banni, désireuse de conserver un reste de tissu familial. Moussbaï s'était remarié, avait eu deux filles et un garçon, reproduisant le même schéma qu'en France. Yazid atterrit dans une nouvelle famille, dîna avec eux et passa une bonne soirée, puis quelques jours plus tard, son hôte le raccompagna à l'aéroport, et les deux hommes se perdirent de vue. Le fils avait toujours en tête la voix tonnante de son géniteur, sa dureté, et ne parvenait pas à accorder son pardon. Il se rappelle un sol boueux par temps de pluie et une terre rouge. Mais il goûte mieux aujourd'hui ces images que jadis. Souvent, Djima l'avait emmené en Afrique, un continent auquel il se sentait étranger. Il s'y ennuyait et souhaitait retourner en France. Il a depuis donné ses préférences à l'Asie, et porté ses rêves bien plus loin. Attachés à leurs origines, Rachid et Habib ont conservé un meilleur lien avec ce père qui a enfin ouvert un cabinet d'avocat, à Porto Novo.

Yazid grandit, assumant des sentiments intenses où se mêlent tristesse de l'absence et amertume. Il connut cependant une bonne scolarité, surtout pendant la période primaire. Il excellait en mathématiques, et s'imaginait déjà suivre une voie scientifique. À force de travail, il accomplit un brillant parcours jusqu'en seconde. D'un caractère timide, il ne se mettait jamais en avant, souffrait de ne pouvoir séduire les filles, de ne pas connaître les mêmes plénitudes que ses camarades. Il ne montrait pas assez d'entrain, sans rêve ni passion particulière, promis à une destinée ordinaire. Il ignorait qu'un enfant vaudou, quelque part, lui apporterait bientôt femmes, plaisirs, notoriété, et bouleverserait son existence.

Ah! sacrés Italiens!
vendredi 7 juin 2002

Aux habitants d'Electric Ladyland,

Holà!

Bon, la dépêche est un peu vieille, mais la date est symbolique et l'AFP vient de me l'envoyer:

ROME, 18 sept (AFP) – Ironisant sur les affiches électorales du chef de la droite italienne Silvio Berlusconi, qui est pratiquement chauve, le chef des Démocrates de gauche (DS), Walter Veltroni, a affirmé qu'au fur et à mesure de la campagne il apparaissait de plus en plus chevelu et qu'il terminerait aux élections comme Jimi Hendrix.

«Je me suis rendu compte qu'à chaque nouvelle manifestation (électorale) Berlusconi apparaît plus jeune et a davantage de cheveux. Lors de la dernière, il apparaîtra en langes, et avec des cheveux comme Jimi Hendrix», a déclaré M. Veltroni, dont le parti est la principale force de la majorité, dimanche soir lors d'une manifestation à Bologne (centre).

Les représentants des divers partis de gauche et de droite échangent régulièrement ces derniers jours insultes et coups bas, la droite ayant lancé la première l'offensive.

M. Berlusconi avait ainsi traité jeudi Francesco Rutelli, maire de Rome et candidat à la direction de la gauche pour les élections législatives du printemps 2001, d'«idiot utile».

Ciao

Y

UN LIEN MYSTÉRIEUX

« Si nous ne nous rencontrons pas dans cette vie, nous nous retrouverons dans la suivante », chante Jimi Hendrix.

Yazid a vécu cette autre vie qui, un jour, l'a arraché à sa normalité d'adolescent. Il apprit que l'animateur-harmoniciste Albert Raisner consacrait deux émissions « Point chaud » aux guitaristes rock. C'était lors d'une froide soirée de janvier 1977. Il pleuvait dehors. Les toits, nimbés de brume, étincelaient sous l'eau. En l'absence de ses parents, le garçon s'était installé devant le vieil écran, sans doute parce qu'il n'avait rien d'autre à faire. Il se rappelle très bien le jour où une main l'emporta pour un voyage sans retour. Les murs de sa banlieue tenaient toujours debout, mais ses yeux virent autre chose, des prairies d'un vert éclatant, un ciel majestueux et infini.

Le présentateur érigea un autel :

« Et maintenant, voici le plus grand guitariste du monde ! Jimi Hendrix. »

L'adolescent écarquilla les yeux. Aujourd'hui, Yazid ne se souvient pas de l'extrait qu'il vit. Plus tard, il a cherché à revoir l'émission, mais n'a jamais pu retrouver des images égarées dans les limbes de l'INA. Il s'en moque désormais. Il fut surtout impressionné par ce titre de « plus grand guitariste du monde ». Les numéros 1, les César l'avaient toujours fasciné. Il se laissa saisir par un rêve étrange devant l'incroyable extraterrestre, coiffé d'un chapeau de pirate, avec ses colifichets, son visage noir plein de lumière. Le jour où il découvrit l'existence de Jimi Hendrix, il apprit sa mort dans la seconde. ASSASSINÉ ! C'est ce qu'il entendra souvent, conscient qu'il existe plusieurs manières de tuer un homme. Le poison, la dague, l'exploitation.

Comment l'animateur pouvait-il le promouvoir « meilleur guitariste du monde », sept ans après son trépas ? C'était étrange. Dans son adolescence un peu mystique, en quête permanente de sens, il tenta de se renseigner sur l'apparition, consulta le *Quid* familial : « HENDRIX, Jimi. Naissance en 1942 à Seattle. Une mère indienne, un père noir... Mort en 1970, un 18 septembre. À cause des drogues. » L'expression résonna dans sa tête d'adolescent. La notule du livre, bien courte, laissa en lui un vif prurit. Il acheta quelques numéros du magazine *Rock & Folk*, pour lire des articles sur le guitariste. Chaque mois, il se rendait chez le marchand de journaux et repartait avec sa revue sous le bras, surlignait le moindre passage consacré à sa nouvelle idole, en découpait d'autres, plongeait dans des récits émaillés de superlatifs, d'excès, qui donnaient un présent éclatant à un homme disparu presque dix ans plus tôt. Ses parents s'étonnèrent de cette soudaine passion. Djima ne comprenait pas ces sons étranges, mais aux oncles et tantes qui voulaient offrir un cadeau d'anniversaire à son fils, elle disait invariablement : « Un disque ! » Et sans que personne ne se passe le mot, un ami lui acheta le double *Electric Ladyland*. Yazid se précipita vers la platine et l'écouta. Les premières secondes de « Voodoo Child », lorsque la voix se mêle à la guitare, pénétrèrent son âme, l'enveloppèrent d'une magnifique ivresse. Il revécut cette sensation merveilleuse qu'il avait éprouvée lors de sa première éjaculation. L'intensité de son plaisir était venue de la surprise. Il ne s'y attendait pas et avait éprouvé une émotion unique. Cette pièce épique avait produit en lui un effet érotique de la même véhémence. Il réécouta le morceau, sans retrouver le délice. Alors il remit le saphir sur l'intro une bonne dizaine de fois, mais il ne réussit pas à faire renaître l'indicible plaisir du début. Peut-être, depuis tout ce temps, cherche-t-il la jouissance perdue, quête impossible et sans fin.

« Il fait l'amour aux étoiles et à la lune », a chanté son ami Eric Burdon, la voix des Animals. Et cette sentence poétique correspond bien à l'album sorti en octobre 1968, une œuvre à la fois tellurique et céleste, brassant les chaleurs de la terre, de l'été chaud du sud (*Long Hot Summer Night*) à l'éther futuriste de *1983*. On y transpire et on y rêve.

J'ai moi-même jadis imaginé un roman qui devait s'intituler *Electric Ladyland*, sans bien savoir ce que j'allais y mettre. Mais ce « Pays de la Dame Électrique » a toujours suscité, chez les adolescents que nous avons été, une réelle addiction.

Êtes-vous jamais allé au Pays de la Dame Électrique ? Le tapis volant vous attend, alors ne soyez pas en retard / Je veux vous montrer différentes émotions / Je vais vous conduire à travers sons et mouvements / La Femme Électrique vous attend, et moi aussi / Alors, il est temps de partir

Il est d'ailleurs étrange d'aborder une création aussi protéiforme par son entrée la plus extatique. Je repense à ce superbe article de Philippe Paringaux paru en juillet 1968 dans *Rock & Folk* :

Il fait l'amour aux étoiles, il est assez grand pour cela, quand il oscille sur une scène et que ses mains noires frôlent, caressent, pincent les cordes de sa guitare, faisant naître d'étranges notes qui s'envolent par deux ou par trois à la fois, torturées, écrasées, comme si Jimi cherchait à en extraire l'essence même. Il est grand quand il ronronne, susurre par-dessus les broderies des cymbales, et repart jusqu'au délire, jusqu'à la démesure, mordant ses cordes comme un affamé. Il est grand parce que sa musique est grande, c'est la seule raison.

Alors ? Alors, il faut absolument tenter l'Experience.

Yazid n'a jamais été en retard, redoutant de manquer le tapis volant vers le pays enchanté. Il croirait presque à un ensorcellement. Il s'est embarqué sur la terre de la Dame Électrique et y vit pleinement. Quand je lui parle, j'observe ses yeux étincelants, conscient qu'ils aperçoivent une autre réalité. Le blues diabolique agrippe sa peau. « Entre le jeune adolescent noir des années 1970 et le guitariste afro, un lien mystérieux s'est noué », dira plus tard un journaliste de France 3. J'ai essayé de dénouer ce lien énigmatique, de ramener une passion à des motivations plus terrestres, mais ce qu'il me racontait était de l'ordre de l'expérience mystique. Il a tout de même fini par me dire qu'il aimait son toucher, son sens du rythme, sa voix, sans forcément porter sa préférence sur un morceau ou un autre. Il écoutait selon ses humeurs, le jugeant supérieur à bien des guitaristes. Pour lui, les brillants Eric Clapton ou B.B. King possèdent peu ou prou toujours le même son, tandis que Jimi atteint un certain chatoiement et ne joue jamais de la même manière.

Il a acheté les autres disques, *Are You Experienced* et *Axis : Bold As Love*. Il n'a pas rassemblé toute l'œuvre de l'immortel, les cinq cents ou six cents albums que compte la discographie officielle et pirate, mais il en possède les plus hautes étoiles. Jimi Hendrix a donné, à partir de septembre 1966, environ cinq cent trente concerts qui n'ont pas tous été enregistrés, et il a gravé des dizaines d'heures en studio avec ses amis Stephen Stills, Robert Wyatt, Arthur Lee, Jack Bruce, John McLaughlin, Johnny Winter, B.B. King, Taj Mahal, Roland Kirk, Larry Coryell ou Buddy Miles... Quelle jouissance de découvrir la bande perdue, la soirée oubliée, la réunion improbable, de révéler les pyramides enfouies et leurs portes secrètes, les couloirs cachés où des coffres débordant de joyaux hantent les rêves des archéologues. C'est aussi cela, la passion hendrixienne, celle que l'on ressent pour un Osiris de bronze au double ou triple fond.

Yazid pouvait revenir au collège et triompher. Il détenait un secret capable de l'élever au-dessus de la normalité, de le détacher des autres garçons, mais conservait pour lui ce compagnonnage fantôme. Il ne portait ni bandeaux, ni T-shirts, ne proclamait pas sa passion, laissant à ses intimes le privilège de connaître son jardin. Un petit cercle se forma autour de lui. Sa solitude disparut. Il fut le centre des discussions, de la curiosité, devenu soudainement sexy. Ses camarades venaient le voir. « Tu sais, un documentaire sur Jimi

Hendrix va être diffusé dans “Les Enfants du rock” pour les dix ans de la mort. Tu devrais le regarder », lui dit son ami Jérôme. Le jeune exalté s'étonna de voir une biographie débarrassée de toute allusion à la drogue, au sexe, privée de ses mystères. Et pourtant, le film, sorti en 1973, hanté par les désillusions du passé, possédait une vraie beauté. Son auteur Joe Boyd avait pris l'habitude de tympaniser le comportement de Mike Jeffery, le manager controversé de Hendrix. Yazid s'initia au monde étrange dans lequel s'était débattu le génie disparu. Il découvrait le versant sombre d'une épopée merveilleuse. Au début, il ne s'en préoccupait guère, tout à son idéal d'herbe verte et de brume pourpre. Mais quoi ? Assassiné ! Assassiné ! Ce fut comme si la Dame Électrique lui réclamait de chercher l'assassin, d'enquêter à son tour.

Il dévisagea la face un peu rosâtre de ce manager aux petits yeux de serpent et au crâne dégarni. Derrière la belle histoire et la musique sublime, il découvrit les combats nauséeux, les refusa d'abord comme s'ils polluaient son ciel pur, mais il ne put en faire totalement abstraction. Mike Jeffery, apprit-il, encourageait les cinéastes à filmer les concerts de Jimi, accordait des laissez-passer, aménageait une arche de vives lumières, déblayait le chemin jusqu'aux coulisses. Puis, après l'ultime instant, il réclamait un pourcentage si élevé que les réalisateurs refusaient, et voyaient leurs bandes rejoindre le purgatoire. Le fieffé salopard profita à fond de son pouvoir, espérant prolonger son plaisir au-delà de la mort. Il n'aurait jamais imaginé que le père, Al Hendrix, le chasserait du paradis pour confier l'exploitation de l'héritage à l'avocat noir Leo Branton (celui-là même qui s'était occupé de Nat King Cole). Jeffery cristallisa les premières haines de la seconde vie de Hendrix. Eric Burdon et Buddy Miles, le batteur du Band of Gypsys, l'accusèrent d'escroquerie.

« Durant les trois mois qui suivirent la nuit fatale, écrit Joe Boyd dans ses mémoires, Jeffery resta plié en deux, souffrant de spasmes dans les muscles du dos. Selon l'entourage de Jeffery, cela prouvait à quel point il en était affecté ; d'après les proches de Jimi, c'était la combinaison de la culpabilité et du désespoir lié au profit perdu. »[1]

Revenant des Baléares, le manager honni périt dans le ciel de France en 1973, suite à un accident d'avion. L'engin s'écrasa au cœur d'un champ, non loin de Nantes, la ville natale de Yazid. Quelques années plus tard, un roadie de Jimi, James Wright, accusera le disparu d'avoir assassiné l'auteur de « Little Wing ». Un gang de voyous aurait assailli l'hôtel à Londres et forcé le musicien à avaler des pilules jusqu'à l'overdose, sous les yeux de sa fiancée Monika Dannemann, terrifiée. « Mike était un homme dangereux. Il avait servi dans l'armée, dans les services secrets, affirma-t-il. Il parlait d'ailleurs russe et avait séjourné en Égypte. Il avait l'habitude de me dire que tirer sur des gens, c'était cool. C'était comme tirer sur des canards. » Pendant la crise de Suez, Jeffery avait embroché des ennemis avec sa baïonnette et se vantait de ses exploits après quelques verres de bourbon. Il vécut difficilement sa relation avec le phénomène de la guitare. « Quand je rencontrais une fille et que je tombais amoureux, disait-il, je me rendais compte qu'elle était avec moi pour se rapprocher de Jimi... »

1. Joe Boyd, *White Bicycles*, Allia, 2008.

Il traînait aussi des créances importantes. La construction du studio Electric Lady lui avait coûté cher, et il avait dû emprunter de l'argent auprès de la Warner. Les problèmes financiers opposèrent Mike et Jimi, mécontent d'avoir joué en première partie des Monkees, en 1967. Jeffery essaya de dissuader son poulain d'enregistrer *Electric Ladyland*. Jimi en éprouva tant de rancune qu'il décida de virer son meilleur ennemi. Jeffery allait perdre sa rente. Il aurait alors souscrit une assurance de deux millions de dollars sur la vie de Jimi, une habitude chez les managers. La somme élevée soulignait surtout que Hendrix valait davantage mort que vivant. Coïncidence ? La disparition de l'idole sembla effectivement renflouer ses finances. Jeffery remboursa ses dettes, s'offrit une maison à Woodstock et se rendit souvent sur l'île de Majorque pour gérer son night-club. Il n'avait jamais beaucoup évoqué la tragédie et, en mourant, laissa un sentiment de frustration chez les fans suspicieux ; elle donna des ailes à tous les ambitieux qui rêvaient de mettre la main sur le royaume. Alan Douglas, l'« ami » de l'ombre, s'empara des droits. Avec un cynisme vengeur, il publia un album posthume intitulé *Crash Landing*. Ce « Crash » évoque aussi les dégâts collatéraux provoqués par les âpres batailles d'héritage. L'éviction du vice-roi Jeffery permit à Joe Boyd de récupérer ses belles séquences : Jimi, assis sur un tabouret, dissimulé par son large chapeau, joue un magnifique blues à la guitare acoustique, « Hear My Train A Comin' ».

L'ensemble de ce documentaire naviguait dans un étrange bonheur. L'assistant réalisateur de Boyd, Gary Weis, un beau sportif plein d'humour, en était le joyeux convive qui traînait avec lui beaucoup d'histoires. Sa jeunesse avait été magnifique, entre les amours et les occasions. Un jour qu'il faisait du stop, une voiture s'arrêta et une jolie femme l'invita à monter. Pendant le trajet, la conductrice, Sharon, s'éprit de lui et ne le quitta plus. Fille du réalisateur Sam Peckinpah, elle l'entraîna sur le tournage de cette belle œuvre, *Un nommé Cable Hogue*. Gary obtint la permission de filmer les préparatifs, le travail du maître. Il racontait que Sharon s'indignait de la manière dont son père traitait son équipe et exploitait les petits animaux. Peckinpah envisageait de tuer un lézard pour les besoins d'une scène, et Gary s'y opposa, placarda une pétition sur les camions et voitures, sur les murs de l'hôtel, mais ne parvint pas à empêcher le sacrifice. Sharon se désola aussi de ces lapins enfermés dans des cages et promis au massacre. Sam accusa sa fille de déloyauté et éclata en sanglots, lui reprochant de ne rien comprendre à la fatigue du métier et à ses obligations. « Tire-toi d'ici ! » Et elle répondit : « Je ne suis déjà plus là. » Et Gary, au milieu, ne saisissait plus rien à une querelle surréaliste entre ces deux fortes personnalités.

Il tenait l'auditoire en racontant les excentricités du bon vieux Sam. Joe Boyd aimait bien Gary, écoutait ses idées. Le jeune assistant s'y entendait pour stimuler ses collaborateurs. Ils réussirent à obtenir l'interview du guitariste des Who, Pete Townshend, après avoir hésité à l'appeler en Grande-Bretagne. Le musicien fit bien sentir qu'il leur accordait une énorme faveur, mais il se libéra et convoqua l'équipe, détendu. Pete arriva joyeux à l'idée de ressusciter la belle époque. Il leur confia un souvenir, se rappelant avoir invité, en 1966 ou 1967, Eric Clapton au cinéma. Dans l'ombre de la salle, les deux hommes avaient évoqué Jimi, et admis être très intimidés par la nouvelle star de la ville.

Joe Boyd chercha à rencontrer Jeffery, mais ne parvint pas à le convaincre. « Il restait cordial mais sur ses gardes, jaloux de mon contrôle sur le film, et inquiet de ce que les autres racontaient à son sujet. »

Yazid garderait toutes ces images en mémoire, comme un secret, même en classe. Les professeurs ignoraient sa passion qui l'élevait à l'insu de la société, et l'éloignerait de la cité. Bien des années plus tard, il y vit toujours. Mais le personnage électrique installé dans son corps et sa tête l'anime. Il lui donna très tôt une raison d'exister, de parler, de courir. Il fut pour lui un moyen d'occuper son temps pendant les fastidieux cours. Yazid noircissait des pages et des pages... JIMI HENDRIX, JIMI HENDRIX, JIMI HENDRIX... Il pense même avoir écrit plus souvent ce nom-là que le sien. Jamais un enseignant ne l'interrogea sur ce curieux patronyme qu'il alignait tout au long de son cahier. La conservation du secret relevait peut-être aussi de la solitude des cités où personne ne vous prête attention. Yazid invoquait en silence son bon ami ébouriffé et psychédélique. Il n'avait pas l'impression de sombrer dans une névrose, d'être un enfant autiste, obnubilé. Il écoutait Jimi sans instaurer un culte particulier. Il ne fermait pas les volets, comme pour une messe sacrée dont il aurait défendu l'accès aux profanes. Sa température était montée à 37,9 °C. Il ne se sentait cependant pas si chaud, si torride, assumait sa petite grippe, refusant d'extirper de lui son étrange et bruyant habitant. Il négligea de se soigner, et sa fièvre grimpa jusqu'à atteindre les 40 °C.

La Santé...
Mercredi 11 décembre 2002

Aux habitants d'Electric Ladyland,
Hi,

Génial, génial! Tout s'est très bien passé, un peu trop même, à vrai dire!

J'ai franchi les hauts murs gris de la Santé. Arrivée à midi, déjeuner à la cantine... des employés, visite de la bibliothèque et finalement entrée dans la salle faisant également office de salle de sport à 14 heures. Super ambiance que cet inoubliable après-midi. Je n'ai ressenti aucune oppression, rien. Même pas de fouille en ce qui me concerne, à part laisser les portaibeuls! Il faut quand même dire que la Santé n'est pas Fleury... Bien sûr, c'est pas une colonie de vacances, mais les gars étaient tous «top cool» (avec moi...) et attentifs. Ça plaisantait même pas mal au début de la mise en place.

Ils étaient manifestement contents d'être à cet atelier un peu original, et je les ai gâtés avec des extraits de films bien choisis («Wild Thing», l'incendie de Monterey, l'hymne US à Woodstock, «All Along The Watchtower» à l'île de Wight, et cerise sur le cake pour commencer: Jimi et Johnny faisant des ronds de fumée comme des gamins au catering en 1966, suivi de Michel Drucker annonçant le guitariste en mai 1967 pour «Hey Joe»). J'ai parlé pendant soixante minutes (la bio essentiellement). J'ai pas hésité sur le côté came et surtout l'enfance plutôt hard (et totalement méconnue) du très jeune Jimmy, avec sa mère qui se barrait pendant des mois faire la teuf, alors qu'il avait entre 0 et 4 ans, les disputes incessantes avec le père, les déménagements, le divorce, etc. Je me suis livré au jeu des questions-réponses jusqu'à la fin. Le tout filmé pour diffusion interne en janvier dans tout l'établissement (pour ceux qui ont la télévision). À la fin, serrements de paluches, sourires aux lèvres, signature du livre d'or, et avant j'avais distribué à toute l'assistance (une trentaine de détenus) mon vrai-faux billet collector de Woodstock...

Sortie 17 h 30.

Y

PS: en ressortant, j'suis même le seul à avoir brièvement aperçu au parloir le seul VIP restant, Alfred Sirven.

DES LETTRES ROUGES DANS LE CIEL DE PARIS

Yazid quitta l'école après son échec au baccalauréat C. Il avait commencé à se disperser, à errer sans se soucier de son avenir scolaire, indifférent à ses notes médiocres. Il voulait vivre le grand amour, mais ce plaisir-là paraissait inaccessible. Sans doute Jimi lui suffisait-il comme diplôme ou séduction.

À la fin de ses études inachevées, il se retrouva au chômage, à attendre la bonne étoile. Un fonctionnaire lui fit une proposition. Il se rendrait près du RER à Fontenay et calculerait, dans une entreprise, les points retraites. Mais, après trois mois, la direction ne le garda pas, à sa grande déception car cette existence de bureau lui convenait, du moins le croyait-il. Si le patron avait décidé de le conserver, il aurait continué pendant des années, peut-être même jusqu'au bout, heureux de suivre une voie toute tracée et d'en finir avec son indécision, ses errances, ses nuits à s'interroger sur les chemins à emprunter. Sa mère le convainquit de se réinscrire au chômage, mais il n'y tenait guère, persuadé de retrouver rapidement un emploi.

« Nous avons besoin d'argent, répétait-elle. Il y a un loyer à payer. Il nous faut des sous. »

Elle cherchait aussi du travail, mais ses lettres restaient toujours sans réponse. Yazid ne chercha pas. Il ne pouvait cependant écouter Jimi Hendrix toute la journée. En musardant à travers la ville de Fontenay, il aperçut une affiche placardée sur un mur qui annonçait des stages dans l'import-export. Il téléphona à tout hasard.

– Il y a de l'anglais ? demanda-t-il.

– Oui, bien sûr ! On est en contact avec l'étranger.

Mazinter, une société basée à Gennevilliers, le recruta. Il devait envoyer du fret par camion, en Europe, mais son incapacité à intégrer une équipe et son indiscipline (il réfutait les ordres qu'il jugeait infondés) rendirent son parcours incertain. Il prenait son travail trop à cœur, n'aimait pas les horaires, les chefs. Il fut ainsi licencié de trois entreprises, avant d'atterrir chez Seapag, spécialisé dans le transport maritime. Trois fois par semaine, il se rendait à Saint-Nazaire, dirigeait les bateaux, comme une sorte de magicien. Il aurait aimé embarquer à bord de cargos et sillonner le monde, mais il se contentait d'observer leur sillage depuis le quai, et ses journées, monotones, suivaient le rythme lancinant des navires. Il garde un joli souvenir de ses virées au bord de la mer et de son amitié avec le patron de son agence, Jean Do, un sanguin plutôt enveloppé, passionné par le rock and roll, qui ne détestait pas boire un coup.

– Tu aimes Jimi ? Moi aussi, beaucoup. Tu sais que j'avais un groupe autrefois ? lui raconta-t-il. J'avais vingt ans, et je menais un trio. Et j'ai gagné un concours en jouant « Hey Joe ».

Jimi n'avait cessé de l'accompagner pendant toutes ces années. Une expression pensive emportait son regard au loin, trahissant un léger regret. L'apparition du garçon noir lui rappelait de délicieux souvenirs, une vie de musicien qu'il n'avait pas eu le courage de choisir.

Les deux hommes passèrent des heures à discuter dans le bureau. Yazid contait des récits sur le guitariste, et emmenait Jean Do jusqu'aux premières heures de la nuit. Le chef de l'agence connaissait la double activité du jeune d'origine béninoise qui, le soir, arpentait les rues et fréquentait le New Morning dont il avait traversé les murs.

Tard à la lueur d'une loupiote, en sourdine, le fils de Djima écoutait Jimi. Après une courte nuit de sommeil, il se levait et se rendait à son travail, agité. Jimi l'envahissait peu à peu, secouait son corps... Yazid lisait des histoires... Le samedi, il traînait à la FNAC des Halles pour fouiller les ouvrages sur son idole. Il découvrit le sacerdoce de Caesar Glebbeek, le plus grand connaisseur au monde de Hendrix, et entama avec lui une correspondance exaltée. Le maître des fans racontait comment il avait organisé au Paradiso, à Amsterdam, en 1980, un hommage au guitariste afro, où s'étaient produits Johnny Winter et les deux animateurs de l'Experience, Mitch Mitchell et Noel Redding. Yazid vibra à cette étrange remontée du temps, espérant rejoindre Caesar, pénétrer dans le monde d'Electric Ladyland et porter les fleurs au pied du mausolée.

Le chemin lui semblait long cependant. Il regardait encore depuis la Terre le pays de la Dame Électrique comme il contemplait le sillage des navires au large. Il voulait prendre tous les bateaux, accoster son paradis, le rivage américain, du côté de Seattle, mais devait juste se contenter de ses lectures. Il aima beaucoup le voyage de Nona qui avait photographié Jimi au Madison Square Garden de New York, le 18 mai 1969, puis retravaillé ses images à la palette graphique, dans des couleurs saturées, où le désir et une certaine frustration brûlaient l'icône. À la fin de son ouvrage, elle avait inscrit une adresse. Yazid écrivit à ce témoin du temps une longue missive sans oser espérer recevoir de réponse, mais, à sa grande surprise, il vit arriver une lettre aux couleurs du drapeau étoilé. Sa mère, toute fière, se jeta sur lui, brandissant une épaisse enveloppe rose. « Tu es en relation avec l'Amérique ? » Djima rêvait depuis toujours à l'Eldorado, objet de ses fantasmes. Yazid sourit. Une habitante du paradis daignait réagir au message d'un inconnu. Et pendant plus d'un an, il conversa avec cette femme, plus âgée. Nona fit le récit de sa vie et de son amour pour l'auteur d'*Electric Ladyland* qu'elle n'avait jamais pu rencontrer, à sa grande tristesse. Il l'interrogeait, sans cesse.

– Il faudrait rappeler les vieux démons de Jimi, lui dit-elle un jour. Faire une messe en son honneur, pour commémorer les vingt ans de sa mort. *Ils* m'ont dit que ça le réveillerait.

Il ignorait la signification de ce « ils ». Le jeune émule se sentit pourtant transporté par cette idée et les propositions de cette femme habitée dont la douce voix, au téléphone, le berçait. Il pouvait compter sur les ondes du New Morning. Des groupes joueraient le répertoire de Jimi, des formations contemporaines ou issues de l'histoire. À peine diffusa-t-il cette idée d'anniversaire qu'il reçut des cassettes, des bandes venues des régions les plus reculées de France. Un Américain, Angel Reca, amoureux de Jimi, reprenait dans sa cave ses blues, un autre jouait « Voodoo Child (slight return) » au ukulélé… Tout un monde souterrain et fervent jaillit telle une Atlantide. Yazid profitait du New Morning. Son exaltation, sa manière de raconter captivaient musiciens, tourneurs, producteurs… Les uns haussaient les épaules, les autres le décourageaient. « C'est trop gros ! Ça ne marchera jamais ! » Il commençait à désespérer lorsqu'il aperçut un grand gaillard roux, plein de tatouages, le crâne rasé, accoudé au bar. Il ne savait même par comment cet inconnu, dans le quartier et le club, était entré. Très vite, il connut tout de sa vie. L'homme se promenait avec un flingue. On disait qu'il avait tué sa petite amie et s'était enfui à Mexico. Joe – c'était son nom – avait fait de la prison et, revenu, hantait les clubs. Il possédait une licence de spectacle obtenue dans un autre monde, programmait des groupes de death metal ou gothiques. Il aperçut Yazid qui hésitait et lui fit signe d'approcher.

« Je t'aiderai, dit-il en espagnol. C'est Nona qui m'envoie… »

Yazid comprit.

– Tu m'aideras ? Mais à quoi ?

Il était au courant.

– À organiser la soirée Hendrix ! ajouta-t-il cette fois en français.

– Comment le sais-tu ?

Il ne répondit pas et leva les yeux au ciel avec un vague sourire.

– Je te promets que tu auras des moyens. Mais à une seule condition : que tu vendes ton âme à Hendrix jusqu'à la fin de tes jours ! Je suis Legba, en fait. J'ai jadis pris l'âme de Robert Johnson.

Et il éclata de rire. Yazid ne sut s'il plaisantait ou non, mais Joe lui avait tendu un parchemin que le garçon parapha. Jusqu'à l'aube, ils discutèrent, et Joe prononça le mot sacré Olympia. « Il y a joué ! Ce serait normal ! » Yazid ne croyait guère à ce territoire inaccessible. Se trouvait-il à sa portée ? La suite se passa presque comme dans un rêve. Le producteur tira de sa poche plusieurs adresses, le numéro de Caesar Glebbeek pour l'informer de son projet, et le chambellan du royaume hendrixien n'hésita pas à partager ses secrets : « Tu veux le numéro de téléphone de Noel Redding ? Je te le file et tu l'auras direct. » Noel Redding ! Le bassiste historique de l'Experience, l'homme qui portait le mythe. Yazid se sentit gagné par l'euphorie. La main tremblante, il composa les chiffres sacrés, en Irlande, entendit la tonalité, et une voix calme répondit. C'était bien Redding. Poli, serein, le musicien l'écouta et s'enthousiasma. « Un festival sur Jimi ? Oh, oui ! Je marche ! Le principe me plaît. » Il parlait avec une belle fraîcheur, sans pudeur ni distance, à l'image de l'existence paisible qu'il avait adoptée en Irlande, dévolue aux plaisirs simples du jeu et des fêtes. Yazid ne parviendrait jamais à saisir l'âme plus complexe de l'autre grand compagnon de l'Experience, le batteur Mitch Mitchell, tandis que Noel s'offrait bien plus généreusement. Dans sa petite ville de Cork, il fréquentait les pubs, buvait des bières, entouré d'amis, empoignait sa basse et, tout sourire, reprenait les classiques de Jimi et des standards du rockabilly, « Be Bop A Lula » de Gene Vincent, « Blue Suede Shoes » de Carl Perkins. Les spectateurs, massés à ses pieds, hurlaient, applaudissaient, sifflaient, frappaient dans leurs mains. Accoudé au bar, Noel tenait sa petite tribune personnelle, parmi les siens, aimait rappeler son aventure prestigieuse malgré des souvenirs parfois douloureux, conscient de la place qu'il occupait sur la stèle du rock. Yazid n'ignorait pas que le seul nom de Noel Redding suffirait à convaincre les mécènes indécis. Il avait trouvé le passage secret, et un guide aussi simple qu'inespéré grâce à Joe, le mystérieux producteur vagabond.

Yazid revint à son bureau et se vanta de sa conversation avec Noel Redding. Jean Do et les employés de Seapag l'écoutèrent, impressionnés par ce garçon dynamique, étrange mélange de réalisme et d'idéalisme. Chaque jour, ils le questionnaient : « Alors, tu y arrives ? Ton festival prend forme ? Qui vas-tu avoir ? » Yazid les tenait au courant de son aventure puis s'enfermait dans sa pièce de travail parisienne et, jusqu'au soir, téléphonait en Angleterre, aux États-Unis. Il avait retrouvé la trace des fantômes qui avaient éclairé le parcours de Jimi Hendrix, ses tutelles magnifiques et obscures, Little Richard, Curtis Knight, Randy California, Eric Burdon... Il ne se rendait pas compte de l'heure et, lorsqu'il éteignait les lumières, la nuit était tombée. Les locaux, vides, plongés dans l'obscurité, lui rappelaient sa solitude. Il avait l'impression que le petit bateau en bronze avec ses filins, sur l'armoire, se balançait. Il se frottait les yeux. L'endroit prenait un aspect étranger, presque hostile, comme si, derrière les vitres, les bureaux silencieux, alignés à la file, l'observaient et grondaient de colère. Il aimait bien retourner à Saint-Nazaire, déambuler le long du port, se reposer au son des vagues. Le retour l'angoissait. Il fuyait les relations de l'entreprise, s'aperçut du changement autour de lui. Jean Do s'était assombri, de plus en plus indifférent à cette quête impossible de Merlin l'Enchanteur. Il avait essayé de calmer la direction qui s'étonnait de certaines factures téléphoniques, mais ne pouvait plus justifier l'injustifiable.

« Que fait votre employé ? D'où proviennent toutes ces notes de téléphone ? C'est pour la boîte ? »

Le chef dut convenir que le travail de Yazid ne concernait pas l'entreprise, et il fut contraint d'avertir le garçon qui lui avait fait revivre sa jeunesse.

– J'adore ce que tu fais, mais la direction n'aime pas et exige que tu arrêtes. Tu dois travailler pour l'entreprise.

Yazid l'observa.

– Tu sais que j'ai l'Olympia ! Tu te rends compte ? L'Olympia !

Jean Do, sans réaction, scruta ses souliers. Ce rôle le dégoûtait. Il aurait aimé participer à l'aventure et, au lieu de soutenir son ami, le menaçait.

– Comprends un peu la situation. Ce n'est plus possible ! Il faut que tu arrêtes...

Yazid lâcha froidement :

– Je m'en fous ! Je vais être médiatique !

Il regretta cette réponse idiote. Pris dans sa frénésie, son excitation, il parlait trop vite, n'écoutait plus personne, impatient de réussir. Jean-Michel Boris, le patron de l'Olympia, avait accepté de le rencontrer.

Quelques jours plus tard, il reçut sa lettre de licenciement « pour abus de fax et de téléphone en vue de l'organisation d'un festival Jimi Hendrix ». Son patron n'avait pu s'empêcher de faire référence au guitariste. Chassé au début du mois d'août, Yazid se sentit soulagé, heureux de pouvoir se consacrer pleinement à son projet. Une autre vie s'offrait à lui.

Il n'oublierait jamais son entrée, avec le producteur Joe, dans le sanctuaire. L'Olympia ressemblait à une boîte pleine de doubles-fonds et de passages secrets. Jean-Michel Boris les attendait, à la fois pressé et curieux. Chauve, l'air sévère sous ses lunettes, l'homme les regardait fixement. Il dirigeait la salle depuis la mort de Bruno Coquatrix.

« Que voulez-vous faire ? » demanda-t-il.

Ils exposèrent leur projet d'anniversaire autour de la figure de Jimi Hendrix, arguant de la présence certaine du bassiste historique, Noel Redding. Le directeur les interrompit : « Vous voulez louer l'Olympia ou vous faites une coproduction ? » Yazid ignorait la différence. « Si vous louez la salle, poursuivit Jean-Michel Boris, vous empochez tous les bénéfices. Dans le cas d'une coproduction, nous prenons 40 % des recettes... » Le marcheur parisien ne doutait pas de son succès depuis qu'il avait convaincu Redding d'y participer. Comment pourrait-il en être autrement ? Les fans viendraient du monde entier pour approcher l'homme qui avait côtoyé Dieu. Yazid serait bien mal inspiré de laisser autant de bénéfices à un entrepreneur. Il décida de louer.

– Quelle date souhaitez-vous ? demanda Boris.

– Le 18 septembre, bien sûr ! coupa Yazid.

Cette date demeurait pour lui aussi importante que son propre anniversaire.

– Nous avons déjà quelque chose. Je vous propose le samedi 15 septembre. Je vous la loue pour 60 000 francs. Je vous fais 5 000 de réduction, parce que vous vous démenez en faveur de Jimi que j'ai bien connu.

Boris était touché par l'enthousiasme du garçon.

Joe et Yazid sortirent, heureux, sereins. Le festival commençait à prendre forme. Puis, Yazid se retourna et contempla les grandes lettres rouges qui brillaient au fronton de la salle : ELSA À L'OLYMPIA AU MOIS D'OCTOBRE.

– Et si nous annoncions notre festival en lettres rouges ? Ce serait logique ! avança-t-il.

L'idée lui parut présomptueuse, mais il avait envie de rêver. Depuis, il ne s'est jamais vraiment réveillé, vivant sur une planète solitaire. Il rappela Jean-Michel Boris :

– Monsieur, pourquoi mettez-vous Elsa ? Ne pourrait-on annoncer aussi le festival Hendrix ? S'il n'est pas annoncé, les spectateurs ne comprendront pas.

– Je sais bien, mais moi, j'ai ma rentrée. Je dois annoncer mes premiers concerts. Si vous aviez choisi la coproduction, nous aurions tout supervisé. Mais si vous voulez les lettres, vous devrez payer.

– Payer ?

– Les lettres sont payantes.

– Combien ?

– 10 000 francs !

– Par lettre ?

Il rit.

– Non ! En tout !

Yazid soupira. Jamais il ne pourrait débourser une somme aussi énorme pour lui.

– Et je mets ce que je veux ?

– Oui ! Ce que vous voulez !

Le producteur Joe n'y était guère favorable, avançant que le budget serré ne permettait pas ce genre de lubie. « Nous allons devoir payer des billets d'avion depuis les

États-Unis, plus l'hébergement. Il faut faire attention. Et beaucoup de stars vont venir. » Un autre grand guitariste, Randy California, avait donné son accord. Curtis Knight et Eric Burdon honoreraient aussi cette belle soirée d'automne. Yazid ne voyait plus aucune limite à ses désirs. Il décida de s'offrir les lettres rouges dans le ciel parisien avec ses propres deniers, comme la signature sanglante de son pacte, et appela plusieurs de ses amis afin de leur emprunter de l'argent. Sa mère lui prêta une somme. Il parvint à rassembler la manne suffisante, puis envoya par fax le message à inscrire. Yazid assouvissait son rêve, éprouvant cependant une légère honte. Il se rappelait sa sortie stupide devant son patron : « Je vais être médiatique. » Peut-être accomplissait-il la revanche inconsciente, après ses déboires scolaires, d'un fils élevé par une mère intelligente qui avait pourtant eu du mal à retrouver son métier, et dont il convoitait la fierté ? Plus sûrement, son amour des affiches de concert, du graphisme et des phrases accrocheuses, de l'histoire aussi le poussait. Il imagina la sentence, son épitaphe de vie gravée dans la nuit des Grands Boulevards :

YAZID PRÉSENTE : JIMI'S BACK
SEPTEMBRE 1970 – SEPTEMBRE 1990.
QUELQUES AVENTURES DE JIMI HENDRIX.

Les techniciens monteraient les lettres le vendredi, pour le samedi, et les conserveraient jusqu'au dimanche. Trois jours de gloire ! Il était excité, au seuil du royaume.

Il avait réussi à joindre le brillant émule de Jimi, le guitariste texan Stevie Ray Vaughan qui déclina l'invitation. Yazid a conservé le fax écrit de la main du virtuose disparu quelques semaines après la réponse négative, dans un accident d'hélicoptère, en août 1990. Jamais un anonyme n'aurait pu espérer goûter l'écriture d'une star aussi importante. Vaughan avait enregistré une version de « Voodoo Child (slight return) » en 1984, à mi-chemin de la vénération pure et du rock blanc accéléré et brutal. Il avait conduit par la main des milliers de jeunes vers l'autel. Un autre message arriva, signé de Peter Grant. Le géant manager de Led Zeppelin proposait un jeune musicien. Mitch Mitchell, lui, adressa une lettre d'excuse. Il gardait de bons souvenirs de la France, de Johnny Hallyday, mais un engagement l'empêchait d'honorer l'invitation. Il publiait ses mémoires et avait organisé un vernissage au Hard Rock Café de Londres, le 18 septembre. « Meilleurs vœux de succès », souhaita-t-il à Yazid. Noel avait lui-même été convié à la fête anglaise, mais préférait se rendre à Paris. « J'aime pas Londres et j'aime pas Mitch ! », avait-il écrit. Le bassiste présentait son propre livre de souvenirs, *Are You Experienced ?,* coécrit avec sa fiancée Carol Appleby, et se gardait bien de lancer la promotion à côté de son ancien ami et partenaire. Pourtant, Yazid s'inquiétait de son silence. Il s'agitait, comme une maîtresse de maison qui prépare son premier dîner et appréhende annulations et malentendus. Il appela le musicien, à Cork, et au bout de plusieurs minutes, une voix hésitante trembla à l'autre bout du fil :

« J'ai... j'ai eu un terrible accident de voiture. Carol est décédée... »

Un frisson glacé parcourut Yazid. Noel lui avait parlé dans un état second. Il ne viendrait pas. La tragédie avait encore frappé le monde hendrixien.

Aux habitants d'Electric Ladyland,

Hey,

Après l'hymne breton (ou gallois, c'est le même en fait), voici une news encore plus délirante! Elle court sur le web depuis plus d'une semaine, la voici en français. Ça risque de faire un peu de bruit car ma copine la sister Janie Hendrix est cette fois-ci dans le coup :

«Liquid Experience», la nouvelle boisson énergisante de la firme Beverage Concepts, a beau utiliser l'image et l'un des chefs-d'œuvre de Jimi Hendrix, elle n'aidera pas ceux qui s'adonneront à jouer comme le maître guitariste...

Selon Beverage Concepts, il faudra attendre avril pour trouver dans les rayons de supermarchés cette potion non-alcoolisée qui tire son nom de l'album *Are You Experienced*, enregistré en 1967 par Hendrix.

Avant même sa commercialisation, ce produit très «marketé» fait grincer des dents, notamment chez les fans du «Voodoo Child», comme l'artiste aimait se surnommer.

«Voir son image et les magnifiques sentiments qu'il a suscités durant toute ma vie réduits à une vulgaire publicité constitue une grande déception pour moi», a réagi le bassiste Michael Balzary, alias Flea, des Red Hot Chili Peppers.

L'image du «plus grand guitariste de tous les temps», mort en 1970 à Londres d'une surdose de drogue, a déjà été surexploitée commercialement. De la gamme de vêtements pour bébé au désodorisant, en passant par les «lava lamps» des années 1970 et les décorations de Noël.

Beverage Concepts a cependant indiqué qu'une partie des profits générés par sa «Liquid Experience» irait à une fondation d'éducation musicale.

Y

MAUSOLÉE

Yazid avait bâti son mausolée grandeur nature, tout en blanc, comme une pierre dressée en plein Paris. L'Olympia. Les murs brillaient dans la nuit. C'était un sarcophage devant lequel prêtres et musiciens défileraient, jetteraient fleurs et couronnes, ouvriraient quelques pages d'un livre glorieux dont les personnages s'animeraient. Puis tout disparaîtrait. Mais le jeune rêveur du Bénin, tels ces infatigables touaregs, reconstruirait ailleurs son autel, le porterait avec lui jusqu'à son dernier souffle.

Il contemplait son immense faire-part vermeil, étincelant. Comme à Luna Park, le Y et le Z luisaient à travers les arbres du boulevard, flottaient même plus haut que le J de l'idole. Il savait que Hendrix avait joué trois fois à l'Olympia, en 1966, 1967 et 1968, mais n'avait jamais vu son nom inscrit en lettres rouges. En ce temps-là, seul un artiste qui faisait escale plusieurs soirs pouvait accrocher son blason sur le marbre.

Il admirait l'œuvre presque picturale, et prit plusieurs photos.

Au moment où la soirée commença, vers 20 h 30, un homme vint le trouver. « Paulette Coquatrix veut vous voir… » Yazid ne tenait pas en place. Il courut, gonflé d'euphorie. Il ignorait les raisons de la rencontre, mais s'attendait à un mot de félicitations. La patronne lui tendit la facture. « Il faut payer maintenant… les lettres ! 10 000 francs ! »

Yazid ne comprenait pas. Pourquoi réclamait-elle son argent maintenant ? Il ne s'en inquiéta pas, emporté par son bonheur. Elle lui aurait demandé 100 000 francs, il aurait signé. Il sortit son carnet de chèques pour conserver le paradis. « Je viens juste de vous voir à la télé », dit-elle. Le journal télévisé avait suivi Yazid en plein triomphe.

Il avait réussi à surmonter les obstacles grâce aux prêts que ses amis avaient consenti à lui accorder. Il paya de sa poche le voyage et l'hébergement de Nona et de Caesar Glebbeek pendant une semaine à Paris. Il invita le père, Al, et la demi-sœur, Janie Hendrix. Il pensait à Janis Joplin et Jim Morrison, s'attendait à les voir arriver. Nul besoin de les abriter pour la nuit. Ils dormiraient à la belle étoile.

Une longue file s'allongea sur le boulevard dans la fraîcheur du mois de septembre. Deux mille amateurs – jeunes, anciens hippies reconvertis, familles – envahirent la salle, se fondirent parmi la masse chaude, remuante. Le rideau de velours cachait une partie de l'histoire du rock, et Yazid, le maître de cérémonie, s'était placé sur le côté de la scène, comme un magicien tenant un chapeau dont il sortirait lapins, rubans, animaux. Il songeait aux navires qu'il avait menés autour du monde, pilotait *Le Yorik*, le « Vaisseau des Morts » du beau roman de Bernard Traven. Sans s'en rendre compte, il avait effacé toute frontière, toute administration, libéré la population hendrixienne. Joe se tenait non loin, presque invisible, la main posée sur la crosse de son revolver. Les musiciens remarquaient ce géant roux qui suivait Yazid dans l'ombre, apparaissait et disparaissait avec lui.

Le premier « lapin » jaillit... Eric Burdon. Beaucoup s'étonnèrent de sa présence. Le chanteur s'était buriné, porté par sa voix rogommeuse et brûlante, son blues magnifiquement crasseux. Il était arrivé deux jours plus tôt et avait investi sa chambre au George V. Il s'amusait bien, résolu à charmer des Françaises, et avait passé un début de soirée sur la tombe de Jim Morrison, à converser tout seul avec le chanteur des Doors, à évoquer leurs nuits à Los Angeles. La compagnie de l'Archange l'aida à dépasser sa solitude parisienne.

En arrivant à l'Olympia, il enlaça Yazid, celui qui l'avait convaincu d'abandonner sa retraite. « Je suis heureux d'être là pour rendre hommage à mon ami. » Il but un coup, chercha des connaissances, aperçut un vieux compagnon assis à quelques mètres, dans l'ombre des projecteurs. Arrivé la veille, Chas Chandler, âgé de cinquante-deux ans, légèrement plus empâté, n'avait pas trop changé. Quelques vestiges d'adolescence avaient survécu au temps et à la fatigue. Ses yeux, malgré les cernes, conservaient une belle clarté, et le gamin anglais passionné n'avait pas abdiqué sous son allure de vieil affairiste du rock revenu de tout.

Les deux hommes s'étaient rencontrés au début des années 1960. Chas jouait de la basse dans un modeste groupe de jazz, The Alan Price Combo. Quand Eric la rejoignit, cette petite formation prit son envol et commença à rayonner autour de la région de Newcastle, dans cette Angleterre humide et fervente qu'ils espéraient conquérir. Une forte amitié fut scellée entre des garçons qui avaient grandi à l'ombre des mines et des usines, parmi les employés de bureau et les ouvriers. Le pianiste Alan Price travaillait pour les impôts.

Arrivé avec sa cargaison de blues, ses passions noires – Ray Charles, Bo Diddley, Chuck Berry –, Eric secoua la tranquille formation de jazz, la poussant vers une sonorité plus rugueuse, plus tranchée. Sur scène, il semblait possédé, mettait tant d'instinct et de puissance que les observateurs les rebaptisèrent Animals. La vie musicale à Newcastle l'excitait. Il lisait le *Chronicle*, repérait les endroits où se réunissaient les musiciens et y emmenait sa troupe.

Les cinq gaillards furent bientôt recrutés par un club de Richmond, le Crawdaddy. En 1964, ils signèrent chez EMI et gravèrent « The House of the Rising Sun », formidable traditionnel poussé par la voix rageuse d'Eric Burdon et les nappes de claviers d'Alan Price. Pendant quelques mois, le combo se hissa au même niveau que les Beatles et les Rolling Stones.

Burdon aimait Chas, plus âgé que lui, dont il appréciait l'élégance – une cravate, et des chaussures impeccablement cirées. « Il était intelligent, écrira-t-il dans ses mémoires, et parmi toutes les choses que je lui ai piquées, était l'habitude qu'il avait de ne jamais se déplacer sans emporter un livre avec lui. » Ils partageaient des passions singulières, comme cette manie de collectionner des souvenirs de la Seconde Guerre mondiale, sabres, baïonnettes, pistolets... Un troisième homme se joignit à leurs étranges conversations, un drôle de type qui, même par temps hivernal, portait des lunettes noires, Mike Jeffery. Eric le connaissait depuis plusieurs années. Mike, gérant d'un club, le Whisky A Go Go, avait publié une annonce : *cherche designer pour faire la déco intérieure.* Burdon se présenta. Il venait de terminer de brillantes études artistiques, et cherchait à occuper ses talents. Pendant presque deux ans, il décora le club avec soin. Mike lui offrait du thé, racontait ses expériences dans l'armée anglaise en Égypte, mais évitait de réveiller des choses très personnelles, préférant conserver un certain mystère. « Je vais programmer des bluesmen. Pas facile de les attirer dans le nord de Newcastle, mais ils seront là, John Lee Hooker, Sonny Boy Williamson », lui apprit son patron. « Tu peux t'en occuper ? » Eric accepta d'escorter les étoiles noires. « J'ai passé beaucoup de temps avec Sonny Boy », dira-t-il. « Je signais même les autographes à la place de John Lee Hooker parce qu'il n'y arrivait pas ou se sentait trop nerveux. » Il signait discrètement de la main gauche, afin que les gosses ne s'en aperçoivent pas. En guise de remerciement, Hooker lui donna son adresse à Detroit et l'invita. Cette période souda Mike et Eric, bientôt réunis au sein des Animals. Jeffery se révéla un brillant manager. Eric et Chas le voyaient comme une sorte de Brian Epstein. Et pourtant, leur fantastique parcours ne les rendit pas millionnaires malgré leur influence sur des dizaines de groupes. On dit que Bob Dylan, l'interprète, quelques années plus tôt, d'une version acoustique et folk de « House of the Rising Sun », décida, après les avoir entendus, d'électrifier sa musique.

Tous ces souvenirs envahirent Eric Burdon sur la scène fantomatique de l'Olympia. Une sourde rumeur monta du public. Chas ne le quittait pas des yeux. Il avait bien l'intention de le rejoindre comme aux plus beaux jours de leur association. Eric attaqua « Ezy Rider », poussant toujours sa voix madrée, chargée d'effluves de whisky. Il sentait la présence lourde de Mike Jeffery, l'homme qui l'avait porté et démoli. Un mélange de haine et d'apaisement l'envahit. Peut-être la meilleure ambivalence pour approcher le souvenir glorieux d'un génie dont il fut l'ami.

Aux habitants d'Electric Ladyland,

Hey,

Petite info qui me plaît bien à propos d'une des tenues de scène de Johnny portée pendant le «Flashback Tour» et conçue par le couturier Franck Sorbier: Johnny voulait une tenue hommage à Jimi Hendrix, j'ai pensé à un blouson mi-hussard, mi-sudiste, avec des brandebourgs en chaînes d'argent.

Y

L'EMPREINTE DU CORPS

Eric Burdon ramassa un bout de papier sur le tapis noirci de tabac. La chambre du Samarkand Hotel sentait le vomi. Les draps, défaits, portaient encore la sombre empreinte d'un corps resté sans vie pendant plusieurs heures. Eric aperçut sa fiancée, la beauté noire Alvenia Bridges, et Monika Dannemann, l'Allemande, l'ultime conquête de Jimi, la « patineuse de l'Enfer » comme l'appelleraient les fans qui la détestaient, faisant référence à son passé de championne de patinage. Mais cette fois, elle ne voltigeait plus sur la glace, avec ses chaussures à lame, elle avait emmené le guitariste dans les flammes.

Les deux piétas hurlaient, prosternées au chevet de leur dieu.

Eric s'éloigna et lut les quelques lignes inscrites sur le papier trouvé :

L'histoire de la vie est plus rapide
Qu'un clin d'œil
L'histoire de l'amour,

C'est bonjour et au revoir
Et à la prochaine

Deux jours avant, il avait partagé la scène avec l'auteur de ces lignes. Il sentait monter la colère en lui.

Au petit matin, son téléphone avait vibré. Il avait écouté la voix de Monika, affolée parce qu'elle ne parvenait pas à réveiller son homme. « Donne-lui des gifles sur le visage, et du café ! », avait répondu Eric, parlant comme dans un étrange rêve. Il essaya de la convaincre d'appeler l'ambulance, mais elle refusa. « Ils vont trouver la drogue dans l'appartement. » Afin de calmer ses nerfs, Jimi avait pris neuf comprimés de somnifère (Vesparax), et bu beaucoup de vin.

Eric hurla : « On s'en fout de ce qu'il y a ! Appelle cette putain d'ambulance ! » Puis, il réveilla son amie, se leva, s'habilla, sortit et se retrouva dans cette chambre à l'odeur de mort. Il y arriva au moment où l'ambulance qui emportait Jimi tournait à l'angle de la rue, ses gyrophares bleus dansant tels des furoles. « Je n'aurais jamais imaginé que Jimi, un gars enveloppé de tant de lumière, pouvait glisser dans l'Abysse », écrira-t-il dans son livre.[1] Mu par un mauvais pressentiment, il se rappela les bons moments, encore bercés par les rêves de son ami. Le guitariste aimait les îles et aurait bien voulu ouvrir son nouveau studio à Hawaï. Il investissait ses revenus dans du matériel au lieu de s'acheter des maisons. Son manager, Mike Jeffery, s'y était opposé, préférant installer Electric Lady en plein cœur de New York. Le champion espérait aussi enregistrer des doubles albums,

1. Eric Burdon, *Don't Let Me Be Misunderstood*, Thunder's Mouth Press, 2001.

et ne parvenait pas à convaincre sa maison de disques. Il voulait jouer, créer, débordait de désirs, de folie, et disait toujours : « Ne m'élevez pas trop. Je suis loin d'être un messager. »

Jeffery dirait : « Il avait compris le pouvoir de l'âme, comme l'une de ses chansons le clamait. Il était l'une des personnes les plus hautes que j'ai rencontrées, il devenait de plus en plus spirituel. Dans mon esprit, sa musique était la musique de la nouvelle religion. » Le cœur, la présence... Même s'il ne l'estimait plus, Eric Burdon convenait bien que son ancien ami et patron avait raison. Il garderait en mémoire cette empreinte sur les draps. Le fantôme semblait déjà rôder parmi les vivants. « Tandis que je jetais un œil dans l'appartement, notera-t-il, j'aperçus deux guitares de Jimi. Si les guitares de Jimi étaient là, son cœur l'était aussi. »

Ils embarquèrent photos, documents, le passeport américain de Hendrix, tout en entendant déjà le martèlement des pas dans l'escalier. Bientôt, le guitariste ne leur appartiendrait plus. Eric accompagna Monika jusqu'à sa petite Opel Sport garée devant la maison. Sur la vitre, était inscrit le mot « LOVE », sans doute de la main même de Jimi. La pluie avait cessé, et un timide soleil faisait son apparition. Eric Burdon raconta qu'il éprouva une grande culpabilité à l'idée de n'avoir pas demandé à Monika d'appeler tout de suite l'ambulance, mais les médecins lui assurèrent que Jimi ne respirait plus bien avant le coup de fil. La jeune Allemande avait dormi à côté d'un mort, et ne se doutait pas de la haine qui en résulterait. Il la vit s'éloigner, totalement sous le choc, en direction de l'hôpital, persuadé qu'il ne la reverrait plus. Elle était partie vers un autre monde.

*

Il était 13 heures, et la chaleur étouffait Seattle, ce 1er octobre 1970. Le cercueil se trouvait dans la petite chapelle, modeste, de Dunlap Baptist Church. Quelques journalistes et photographes avaient été admis à l'intérieur, autorisés à voir le corps immobile, au visage presque blanc. Le père du disparu, Al, avait tenu à exhiber la dépouille. Une solaire couronne de fleurs gisait au pied du catafalque, sur laquelle reposait une étincelante guitare. De l'autre côté de la rue, une barrière retenait les curieux, admirateurs, habitants du quartier, tous silencieux, décidés à respecter le recueillement et le chagrin de la famille. Al et Janie, la demi-sœur de Jimi, âgée de neuf ans, serrés l'un contre l'autre, le visage baissé, écoutaient un office traditionnel, éloigné du blues profane et extatique du martyr. Le révérend Harold Blackburn assura l'oraison, l'amie d'enfance Freddie Mae Gautier lut la chanson « Angel », et la fidèle Patronella Wright chanta plusieurs gospels, accompagnée par un piano. La ville enterrait un prophète qui, petit, avait cependant été chassé de cette même église à cause de ses vêtements trop voyants.

Hier, un ange est descendu du ciel
Il est resté avec moi juste assez longtemps pour me sauver
Et, hier, il m'a raconté une histoire
Qui évoquait l'amour délicieux entre la lune et la profonde mer
Et ensuite, il a répandu ses ailes très haut au-dessus de moi
Et m'a promis de revenir le lendemain

Le bassiste et le batteur, Noel Redding et Mitch Mitchell, se serraient l'un contre l'autre, légèrement en retrait. Les deux forgerons, qui avaient alimenté l'infernale chaudière de l'Experience, avaient retrouvé l'aube de leur vie, comme un retour brutal vers leur prime jeunesse. Ils ressemblaient à deux gosses orphelins, abandonnés.

Juste derrière eux, un homme magnifique en costume de satin, le visage couvert par des lunettes noires, se dressait dans l'ombre de la nef. C'était Miles Davis. Bouleversé par la mort de son ami et dans l'incompréhension, il avait tenu à assister à la cérémonie. Mais il s'ennuyait et regretta d'être venu.

Les amis d'enfance de Jimi soulevèrent le cercueil, le portèrent au dehors, le chargèrent dans le corbillard. Une longue file de voitures forma la procession jusqu'au cimetière de Greenwood. Eric Burdon n'avait pas tenu à assister à la mise en terre. Il se rappelait que le guitariste lui avait avoué sa détestation de Seattle, trop froid et humide, et il regrettait que le désir du disparu ne fût pas satisfait. Sans doute Londres aurait-elle mieux flatté la mémoire de Jimi. Le génie espérait reposer près de la Tamise. Il rêvait que ses amis enfilent ses vieux vêtements et dansent sur sa tombe.

Burdon ne s'est jamais libéré du spectre. Lorsqu'il fondit son groupe africain War, quelques mois après la disparition de Jimi, il le vit comme une sujétion à tout l'univers coloré et guerrier de son ami, et la semaine qui suivit la tragédie, par une curieuse ironie, il présenta son projet à San Francisco, prolongeant l'utopie des années 1960.

Tout au long de sa route, il entendit parler de Jimi, personnage déchiré, en pénitence pour l'Éternité. La presse discutait du musicien comme d'un être vivant. Dans un superbe article du *Melody Maker*, publié le 26 septembre 1970, Richard Williams dénonça le malentendu : « L'importance de Jimi Hendrix fut parfois dissimulée derrière la sexualité de l'homme et la flamboyance de son attitude et de son apparence. »

Un récit, paru l'année suivante dans *Rock & Folk*, titré « Jimi Hendrix : et maintenant ? », semblait déjà imprégné de cette drôle de résurrection qui ferait de Jimi le mort le plus magique de l'histoire : « La musique du guitariste ne fut jamais aussi populaire que les premières semaines après sa disparition. Elle respirait parmi nous, alors que de son vivant, beaucoup ne l'avaient pas spécialement comprise, comme une planète bien lointaine, et s'étaient bien souvent étonnés que le créateur refuse de franchir ce pas vers une reconnaissance ultime. Alors, le public avait profité de la tragédie pour accomplir l'effort, et approcher cette boule de feu qui tournoyait, brûlait à des mètres d'altitude. Le véhicule (structure rythmique) n'était pas encore suffisamment évident pour conduire l'auditeur vers ces forêts vierges de folie qu'étaient les obsessions créatrices de Jimi. La mort va être pour lui l'aboutissement presque logique de sa vie et de son art. » La mort comme accomplissement de la vie et de l'art. Il fallait y songer. C'est bien tout le paradoxe de Hendrix, dont les projets éblouissaient un cercle de paroissiens éclairés. Après *Electric Ladyland,* il envisageait de composer un monument, *First Rays of the New Rising Sun,* le deuxième tome d'un diptyque monumental, et avait commencé à monter des échafaudages, à noircir des pages. Il méditait un projet pharaonique, encore plus ambitieux que le précédent, et préparait son vol d'Icare. Je me rappelle mon père, gravement malade. Peu avant sa mort, il promettait à ma mère qu'une fois guéri, il achèterait un bateau et l'emmènerait sur les mers. J'ai souvent entendu des mourants exprimer ce genre de fantasmes. Se rapprocher des éléments, de la nature, accomplir un voyage sur un rivage proche de l'extrême. Jimi, tout à sa grandeur, s'était tourné vers le soleil.

Enjoué, il avait recouvré son inspiration, guéri de la dépression survenue après son voyage au Pays de la Dame électrique, dont il avait eu le plus grand mal à revenir (et peut-être n'en était-il jamais complètement revenu ?). Il avait encore une fois senti la tendance, et il envisageait de publier trois disques. Les concerts de Woodstock, réunis dans un recueil imposant, et la superproduction de George Harrison, *All Things Must Pass*, porteraient l'objet discographique à une hauteur presque encyclopédique. Jimi écrivit un titre, « First Rays of the New Rising Sun », barrant le s de « Ray » puis le remettant, et il baptisa la tournée « The Cry of Love ». Il avait déjà enregistré une bonne partie des morceaux, gardant du travail pour le lendemain. Il achèverait les deux derniers titres, et mixerait l'ensemble, mais sa nuit orgiaque ne lui en laissa pas le loisir. Nous avons envie de traduire « Cri d'amour », et pourtant, comme une impuissance, le guitariste verse des larmes, des pleurs, devant son ode au soleil inachevée. Impatient, Mike Jeffery, sans souci de le trahir, décida de terminer ces séances, et de ne sortir qu'un seul disque, dans les classiques limites commerciales.

Les amateurs n'ont pas attendu longtemps pour recevoir le quatrième album studio, *The Cry of Love*, en 1971, qui fut bien accueilli. *Rolling Stone* écrivit : « L'effort ultime de Hendrix, un magnifique et poignant testament. L'album semble même plus achevé que celui que Janis nous laissa, *Pearl*. » Je me rappelle la sombre peinture sur la pochette et la représentation de la chevelure ébouriffée, sur un ciel plutôt paisible, constellé de nuages blancs. J'y voyais l'image du paradis.

Ce gémissement d'amour a le souffle brutalement coupé au bout de quarante-cinq minutes, comme si son auteur magistral avait été appelé ailleurs, soudainement. Simple dans ses affects, traversé d'une voix d'outre-tombe, il sent l'absence, la mort, et les motifs ressemblent à des vitraux d'église. Cette œuvre étrange nous a sans doute fait découvrir l'Éternité et mené vers le XXIe siècle. Les scientifiques ne congelaient pas encore le sperme pour permettre à une veuve de donner un enfant à son mari décédé, et Nat King Cole ne chantait pas avec sa fille Nathalie qu'il n'a jamais connue. Toujours en avance, Hendrix est devenu une expérience scientifique, l'incarnation d'un rejet absolu de la Mort.

Sa voix hante notre sommeil. Yazid, le marcheur des nuits de Paris, écoute le soir son idole pénitente, inquiétante, jamais tranquille, toujours dans ses insomnies et ses folies, qui le tiennent éveillé, et tiennent éveillée toute une population travailleuse, à New York, Los Angeles, dévouée à sa statue. Jimi parlait beaucoup d'éternité, d'espace, évoquait l'Au-delà devant une jeunesse plus férue de son jeu que d'extase mystique. Les morceaux « Ezy Rider » et

« Freedom » brillent comme des diamants, la guitare luit au soleil, le minerai âpre et tranchant s'est poli. L'artiste habite déjà le paradis, il semble s'effacer du monde, sa voix nous parvient lointaine, sa guitare, autrefois si charnelle et bouillonnante, flotte haut, lustrale et nuageuse.

Descendant l'autoroute du désir
Il dit que le vent libre
L'élève
Essayant de trouver son paradis au-dessus
Mais il meurt d'être aimé
(« Ezy Rider »)

Je pense aux souvenirs de ma mère qui, avec mon père, cofondateur du mensuel *Rock & Folk*, assista à son concert de l'île de Wight, en 1970. Jimi était si transparent qu'elle crut voir à travers son corps dématérialisé, la peau presque blanche, il n'avait plus ni couleur ni consistance, mourait déjà, comme un corps qui se consume. J'avais entendu évoquer les concerts du musicien dont le corps épousait les ondes électriques, ondoyait comme un chaman sur la mer de sons. Il n'avait nul besoin de sauter en l'air à la manière du bluesman Charles Patton, de glisser en imitant James Brown. Il agrippait la chair des spectateurs par son magnétisme, mais sur la scène de Wight, la magie avait disparu. Témoin de ce crépuscule, l'écrivain et globe-trotter Alain Dister évoquera « l'organisation parafasciste » des concerts, un camp de « concentration » qui provoqua le désenchantement du grand guitariste, son effacement. « L'ère des festivals touchait à sa fin, écrira-t-il, car la distance entre les musiciens et leur audience était devenue beaucoup trop grande. »[1]

Depuis ses débuts, le rock avait parcouru un fantastique chemin, mais le voyage n'apportait plus de réjouissances. La pression accablait Jimi. « S'il m'arrive quoi que ce soit, prédisait-il en décembre 1969, les avocats vont se bagarrer sur ma dépouille pendant les vingt prochaines années. »

Les chiens et les poètes déchiquetteraient son cadavre. Sa postérité serait gâtée par la corruption et les cultes obscènes. Corbeaux, fossoyeurs, exécuteurs testamentaires, Bossuet à la petite semaine, fous éplorés, amoureuses désespérées et avides guettaient le futur sacrifice. Lorsque Jimi changea de monde, il entendit les épîtres que les poètes lui adressèrent, mais aussi le tintement glaçant des argentiers. Jeffery et les autres gardiens de la mémoire n'ignoraient pas que des bandes pirates seraient semées telles des fleurs vénéneuses. Ils défendraient leur parc, assècheraient les marigots, enchaîneraient les beautés sauvages qui pousseraient n'importe où, de manière anarchique, jusqu'à étouffer la voix du disparu.

Durant les semaines qui suivirent la tragédie, Eric Burdon hanta les plateaux de télévision. Il apparut, agité comme un cinglé, toujours entre deux shoots. Dans ses mémoires, il tient un discours sobre, presque repenti, mais, au début des années 1970, il écumait, délirait, affirmait que le LSD l'avait rapproché de Jimi, le troubadour psychédélique, « le plus grand dopé que j'ai jamais rencontré », dira-t-il au *New Musical Express*, en 1973. Il vivait depuis plusieurs années un étrange rêve, incapable de toucher terre, la main sur

1. Alain Dister, *Jimi Hendrix*, Les Nouvelles Éditions Polaires, 1972.

l'arc-en-ciel auquel il s'agrippait pour ne pas voir la réalité, le déclin de sa carrière américaine. Il s'accrochait à son ultime reste de gloire médiatique, l'amitié qu'il avait tissée avec le guitariste martyr, évanouie dans les lambeaux de leurs soirées vaporeuses. La BBC assiégeait son appartement londonien. Voulait-elle ranimer les farandoles encore fumantes de « The House of the Rising Sun » ? Elle n'avait cure des Animals, essayait surtout d'obtenir son témoignage sur le disparu. Il accepta de rencontrer le célèbre journaliste Kenneth Allsop qu'il admirait, persuadé de trouver un véritable amoureux de la musique, mais il déchanta. Au lieu de l'humaniste, il découvrit un juge glacé, décidé à profiter de sa vulnérabilité. Sous les lumières crues du studio, Burdon, bien chargé, souffrant, s'aspergea le visage d'eau et cauchemarda, sans que le tourmenteur ne le réfrène. Il déclara que Jimi avait été tué par les managers, les diables de l'industrie, et tint des propos si violents qu'à la sortie, un responsable de maison de disques lui lança : « Tu ne travailleras plus jamais en Angleterre ! » La prédiction s'avéra juste. Eric n'étincela plus que sur les rivages parfumés de Californie. Il en voulut à Kenneth, le traita d'ordure hypocrite, lui vouant une haine profonde jusqu'à se réjouir, deux ans plus tard, de la mort par overdose du journaliste.

Les édiles de la BBC furent choqués d'entendre sur leur antenne une apologie de la drogue. « Ils pensaient que j'allais rendre un hommage à un grand artiste, et ils se trompaient. C'était un grand personnage, mais un enc... Et c'est pour cette raison que je l'aimais. Et Jimi aurait été fier de ce que j'ai dit sur lui. » Eric Burdon ne voyait pas la drogue comme seul terrain commun, mais partageait le même idéalisme musical que son idole et ami, comme ces dieux à double visage. Jimi, venu en Angleterre, avait injecté son blues noir dans un groupe anglais blanc, tandis qu'Eric, au sein du projet War, avait accompli le chemin inverse.

Il aimait comparer leurs parcours, mais abhorrait les tracasseries d'héritage. Ces histoires ne finiraient donc jamais. Un soir, Monika Dannemann l'appela. Depuis la terrible matinée, il détestait entendre son appareil tintinnabuler, comme un glas, après le coucher du soleil.

« Tu sais, la cour a accepté d'examiner à nouveau les circonstances de sa mort ! » Elle lui parla de cette p... (les mots lui manquaient) de Kathy Etchingham. Les deux femmes se disputaient le sceptre suprême de « plus grand amour de Jimi ».

Eric ne l'écoutait plus et, avec une profonde lassitude, soupira : « Pourquoi ne pas le laisser en paix ? »

« Il meurt d'être aimé. »

Aux habitants de la Dame électrique,
4 août 2005

LOS ANGELES (AFP) – Jimi Hendrix, l'un des guitaristes les plus adulés de l'histoire du rock, était un soldat déplorable, qui s'intéressait plus à son instrument de musique et à la masturbation qu'aux activités militaires, selon des documents de l'armée révélés jeudi.

Le soldat Hendrix a été expulsé de l'armée en 1962 à l'âge de dix-neuf ans après que ses supérieurs eurent rapporté qu'il était «l'un des plus nuls» de son régiment et ne faisait preuve «d'aucune des qualités» nécessaires à la vie militaire.

Jimi Hendrix, pourtant engagé volontaire, dormait pendant ses tours de garde, ne tenait aucun compte des règlements, ne pensait qu'à sa guitare et avait même été surpris alors qu'il se masturbait dans les toilettes, selon ses chefs.

«Hendrix est très peu motivé par l'armée, n'a aucun respect pour la discipline, requiert une surveillance excessive et n'écoute pas les conseils de ses supérieurs», regrette le sergent Louis Hoekstra dans un rapport datant du 28 mai 1962.

Un autre supérieur se plaint que la future idole est parfois incapable de «soutenir une conversation intelligente».

Jimi Hendrix avait été incorporé dans le 101e bataillon de soutien aéroporté de Fort Campbell, dans le Kentucky (centre) en 1961.

Il est mort en 1970 d'une overdose de drogue, à l'âge de vingt-sept ans, à l'issue d'une carrière météorique dont l'un des points culminants a été le festival de Woodstock (1969), lors duquel il a joué un hymne national américain dérapant en tonnerre de bombardements, en pleine guerre du Viêt-nam.

Yazid
Stay tuned

TRAHISON

À l'Olympia, Curtis Knight se ménagea une petite place au cœur du mausolée. Il avait emporté sa précieuse guitare, celle que l'Idole avait jadis touchée. Il demandait aux techniciens de la surveiller sans cesse pendant qu'il se chauffait la voix. Lorsque Yazid lui avait écrit, il avait aussitôt répondu, enthousiaste, et pourtant les négociations avaient été compliquées. Il réclamait un cachet trop élevé et avait commencé à célébrer Dieu, la résurrection, affirmant sa priorité sur les autres membres du club. Il était logé dans un hôtel de la rue des Saints-Pères, dont il n'était pas sorti en raison de la fatigue. Mais lorsqu'il daigna se montrer, il réclama les honneurs dus à son rang, le premier évidemment, et exigea qu'on lui envoie une 403. Joe chercha la voiture demandée. « Et s'il n'est pas content, je lui plante mon arme dans la bouche ! » Yazid eut toutes les peines du monde à calmer l'irascible producteur, impressionnant par la taille et la voix.

Joe évita de parler à Curtis, prince ridicule enveloppé d'une cape noire à la James Brown. Au bon vieux temps, les deux hommes se seraient peut-être battus, mais Curtis obtint ce qu'il désirait et parada, satisfait d'être bien traité. Il avait permis la révélation du phénomène Hendrix, et si un imprudent s'avisait de dire le contraire, il s'énervait et menaçait de rompre les négociations. Il donnait l'impression d'être un homme aigri qui n'avait pas accompli grand-chose depuis les années 1960 et sa rencontre avec Jimi. Ce concert parisien sonnait pour lui comme une opportunité incroyable de relancer sa carrière. Il cherchait à monnayer ses souvenirs, à profiter de la renommée de l'Idole, demanda à passer en ouverture, comme un symbole de son rôle. « Little Richard sera là ? » s'inquiéta-t-il. Yazid répondit qu'il n'avait pu joindre l'interprète de « Tutti Frutti » et rassura du même coup Curtis, heureux de tenir seul et sans rival mégalomane la position privilégiée et lucrative de découvreur. Il donna d'ailleurs son prix pour les interviews, mais peu de journalistes se manifestèrent. Il goûta à une belle salle parisienne qu'il n'avait pas eu la chance de connaître avec son groupe, les Squires. Il avait enfin l'occasion de jouer dans la capitale française, sur cette glorieuse scène à la couleur de feu, et y promena un regard radieux, persuadé qu'une nouvelle existence s'ouvrait à lui.

Il voyait en Yazid le gardien du paradis qui le conduirait vers Jimi. Curtis comptait ses sous tout en professant sa croyance envers les esprits, les messagers. Il avait eu l'impression de vivre un curieux rêve, jusqu'à s'entretenir avec Jimi Hendrix. Pendant toutes ces années, il avait cherché le passage vers le guitariste et l'avait enfin trouvé, dans ce lieu mythique du spectacle où le génie s'était produit trois fois. Le fantôme de son ami se tenait à ses côtés, silencieux, entre la terre et le ciel.

Curtis Knight, né dans une réserve indienne au Kansas, un jour de 1929, suivit des études brillantes, mais juste après l'obtention de son diplôme à l'université, souffrit de la mort de sa mère. Il s'engagea dans l'US Air Force, puis, libéré, trouva divers emplois saisonniers, décidé à devenir tôt ou tard artiste. Ses débuts ne furent pas vraiment exaltants malgré une participation au film *Pop Girl*. Mais aucun de ses projets ne le fit accéder à la gloire, en raison, peut-être, de son éloignement, de ce provincialisme qui ne menait à rien. Seul New York lui apporterait ce qu'il cherchait, et en 1960, il y débarqua avec 50 dollars en poche et des rêves plein les yeux. Il traversa le siècle sans dominer son destin, submergé par la vague géante qu'il vit venir, et dont il essaya, avant tout le monde, d'exploiter la force, sans la réussite espérée.

Pourquoi avait-il accepté l'invitation ? Parfois, il s'interrogeait, fier de cette période, mais en même temps empreint de dégoût, de haine. À l'Olympia, il savait quelle chanson il jouerait, « The Ballad of Jimi », bien sûr, avec une batterie et une basse. Sa voix tremblait, et son chant – il était légèrement souffrant – ne séduisit pas le public : il s'en moqua. À sa sortie de scène, il aperçut la blonde Monika Dannemann, apparue soudainement devant lui, comme une revenante. Il s'arrêta. Son visage exprimait une légère lassitude qu'elle s'efforçait de cacher. Elle arborait une petite moue – sourire ou dégoût devant le monde. Vêtue d'une jupe élégante et d'un corsage blanc, très maquillée, elle avait préparé le voyage, le rendez-vous. Elle n'avait pas visité Paris, et s'était contentée de marcher autour de l'hôtel. L'air de la France lui faisait du bien, mais elle sentait sa gorge nouée. Elle ne tenait pas à croiser certaines personnes, et s'était assurée que les indésirables n'avaient pas été invités.

Curtis aurait aimé lui demander si elle possédait toujours la petite Opel Sport qu'elle conduisait le jour fatidique.

– Tu es venue ? Tu aurais dû me le dire...

Elle esquissa un sourire. Il eut du mal à la retrouver tant elle semblait fatiguée, les yeux ternis par la tristesse.

– Comment es-tu venue ?

– On m'a invitée..., répondit-elle.

– Tu es arrivée quand ?

– Hier.

– Tu loges où ?

Elle demeura évasive :

– Quelque part dans Paris. Avec Mike Jeffery.

– Mais il est mort !

– Non. Il est là.

Il ne sut pas si elle plaisantait. Peut-être une forme de folie l'envahissait-elle ? Avant que Curtis ne rentre, elle lui parla d'un projet de livre qu'elle méditait au sujet de son histoire. « Tu m'aideras ? Je l'ai commencé juste après sa disparition, mais je n'y arrive pas ! » Il accepta. Monika tenait un discours qui résonnait en lui et plairait à un public friand d'ésotérisme. L'amant célèbre et la jeune femme avaient passé des heures à musarder sous l'ombre des arbres de Hyde Park : « Il arrivait que Jimi ne prononce pas un mot, comme s'il emmagasinait et digérait sa dernière communication directe avec la Terre, disait-elle. Pendant ces heures de méditation silencieuse et de spiritualité, il semblait, par quelque méthode télépathique inconnue, en communication avec les habitants de la Terre, et je marchais avec lui en silence, sachant et comprenant sa solitude spirituelle. » Elle le voyait libre et, comme elle le confierait à Curtis, « vouloir le posséder aurait été une belle erreur, j'aurais mis un oiseau sauvage en cage ». Dans les longs dithyrambes de Monika, Jimi apparaît comme un saint, bon pour la canonisation. « Il n'était ni accroché à la drogue, ni alcoolique, ni maniaque du sexe... Le réel Jimi Hendrix, derrière la façade de la scène, était très sensible, plein de compassion, timide, et croyait ingénument au message de l'amour. La Paix, la Liberté, la Fraternité qu'il essayait de donner au monde... » D'après ce qu'elle racontait, la jeune Allemande avait hésité à emménager avec lui, malgré son insistance. Tant d'histoires sombres couraient à son sujet, apocryphes bien sûr.

Monika avait rencontré un enfant pur, porté par des puissances supérieures. Curtis Knight partageait cette impression, lui qui souffrait de ses limites, de sa prison. Il aurait aimé marquer davantage l'histoire de la musique populaire amé-ricaine. Mais Dieu ne l'avait pas promu bon chanteur, ni transformé en guitariste sublime. Il lui restait à devenir le messager de la valeur spirituelle de Jimi. Les ouvrages de Mitch Mitchell et Noel Redding, pour intéressants qu'ils fussent, rendaient imparfaitement l'intériorité du génie que Monika et Curtis avaient su saisir le mieux. La contribution de la dernière fiancée serait différente. Il l'aiderait car elle ne lui porterait pas ombrage. Peut-être toucherait-il un pourcentage ?

Le guitariste et chanteur du Kansas ne resta pas longtemps à Paris, comblé de ce qu'il avait vu à l'Olympia, lors de cette soirée à jamais mythique, et à peine rentré chez lui, à

Los Angeles, se mit au travail, désireux de montrer qu'il avait un avantage : il entendait les mânes du grand guitariste, connaissait son secret. Et il commença à écrire son livre, *Jimi Hendrix : Starchild*. L'enfant des étoiles. Il était certain de son succès, de l'argent et de la gloire que le projet rapporterait.

Les souvenirs lui revinrent. En 1960, juste après son arrivée à New York, il avait décidé de devenir musicien. Un Noir pauvre ne pouvait qu'espérer jouer dans les clubs de Harlem. Il monta son groupe appelé les Squires, et commença à écumer les bars louches. Quand il se retournait, il ne distinguait même pas ses accompagnateurs transformés en ombres sous la fumée de cigarettes. Une chaleur à crever l'oppressait. Les jacks des guitares étaient à moitié dénudés. Les micros, posés dans des cartons à bière, se dressaient comme des porcs-épics et tombaient souvent en panne. Massée à leurs pieds, une foule houleuse les invectivait et leur balançait des bouteilles sous l'œil goguenard des patrons. Les rockers gardaient un œil sur le public afin d'esquiver les projectiles. Puis, ils repartaient, saouls, énervés, pour une autre salle noire et chaude. Curtis se rendait souvent à l'hôtel America, à Times Square. Il longeait les murs crasseux, croisait putes et trafiquants en tout genre, traversait un hall encombré de curieux, de dealers ou de voyageurs. Beaucoup de musiciens aimaient y séjourner, profitant de chambres bon marché. Un studio y avait même été aménagé. Curtis traînait dans les parages, espérant rencontrer des talents providentiels, recruter des auteurs. Il avait l'impression d'avoir connu ce lieu bien des années auparavant.

Il y avait loué une chambre, grimpait les étages et tentait de s'endormir, mais les lumières criardes des bars transperçaient les lambeaux de nuit. Un soir, ne pouvant dormir, il descendit, but un coup, hésita à remonter, craignant d'employer les prochaines heures à ruminer ses déceptions, à plaindre sa médiocre existence. Il traîna dans la rue avec sa guitare, joua un peu puis, éreinté, regagna son hôtel. Il s'apprêtait à prendre l'ascenseur quand un grand Noir se glissa devant lui. Curtis fut surpris de la longueur de ses cheveux et de l'état de pauvreté dans lequel se trouvait le jeune homme, et il ne put détacher son regard de ce visage puissant et profond. L'inconnu se présenta : « Je m'appelle Jimi Hendrix. Je joue de la guitare, mais je n'en ai plus. J'ai dû vendre la mienne. » Curtis fut tout de suite ébloui par l'aura du garçon, certain que leur rencontre était prédestinée. Jimi cherchait du travail et emmena Curtis dans sa chambre. Sur le lit, dormait une fille à moitié nue, Fay Pridgeon. Une couverture la protégeait à peine des regards. Indifférente à la présence des deux hommes, elle reposait alanguie sous des draps, la jambe pendante.

« Je peux ? » demanda Jimi en désignant la guitare que Curtis tenait. Il la prit délicatement, s'assit, commença à pincer les cordes et se mit à jouer. Le leader des Squires n'en revenait pas. Ce diable habile dépassait tout ce qu'il avait vu ou entendu jusqu'à présent. Curtis remonta chez lui et apporta une chanson qu'il avait écrite, « How Do You Feel ? »

Il avait l'impression de rencontrer un homme meurtri, blessé, et pourtant plein d'idées et de malice. Jimi avait grandi à Seattle, dans une famille agitée par les querelles entre son père, cet ancien danseur cassant, dur, inquiet de ne pas trouver de travail, et sa très jeune femme Lucille dont le caractère fêtard et les dépressions faisaient tanguer la maison du Paradis à l'Enfer. Il tangua lui-même jusqu'au divorce tapageur de ses parents. Al ne parvint pas à éduquer Jimi et le confia à sa sœur Patricia, à Vancouver. Le garçon ne disait rien, timide, renfermé. Sa mère n'allait pas bien, et il en souffrait. Sa disparition en 1958 le choqua d'autant qu'Al interdit à ses enfants d'assister à l'enterrement, et accrut l'instabilité du garçon de treize ans qui avait pris l'habitude d'écouter la radio, du blues essentiellement, et de prendre le balai de la cuisine pour faire semblant de jouer. Espérant le calmer et le ramener à la réalité, au travail, Al lui offrit un vieil ukulélé fendu. Jimi le répara et le troqua bientôt contre une guitare bon marché achetée cinq dollars. Il passa alors ses journées à jouer, compensant par l'observation l'impossibilité qu'il avait de prendre des leçons (Al n'avait pas les moyens). Il devait bricoler les instruments pour les adapter à son jeu de gaucher, puis, pendant des heures, au point d'oublier de se nourrir, s'imprégnait de rock and roll. Elvis Presley, Chuck Berry, Little Richard, Muddy Waters, Bo Diddley... Il commença à intégrer des groupes locaux. Mais sa vie à Seattle, sa médiocrité scolaire l'ennuyaient, et il décida à dix-huit ans de s'engager dans les paras. Le 8 novembre 1961, il revêtit l'uniforme du 101e Bataillon de soutien aéroporté de Fort Campbell (Kentucky). Nous savons que les militaires n'ont pas été tendres avec lui, qu'ils trouvaient le personnage totalement cinglé, fantasque. Ses compagnons de chambrée le raillaient parce qu'il dormait avec sa guitare, et cachait son instrument. Le jeune homme pleurait, prenant des gifles au passage. Il fut expulsé de l'armée en 1962, à l'âge de dix-neuf ans. Curtis n'avait pas connaissance de tout cela, mais l'apprendrait bien vite. Il se sentait prêt à profiter de la perle que le Seigneur lui avait confiée.

« Veux-tu jouer avec moi ? proposa Curtis. Tu auras toute liberté ! » Il sentit que le génie ressassait les déceptions accumulées au gré des groupes où il avait traîné ses frustrations. Après son départ de l'armée, Jimi avait rejoint plusieurs formations, les Isley Brothers et des Canadiens, les Vancouvers de Bobby Taylor qui avait découvert les Jackson Five, puis il rejoignit un certain « Gorgeous » George Odell, et se coiffa d'une perruque blonde. En vérité, la situation était encore plus étrange : ce George avait engagé Jimi comme valet sur une tournée. Vous portiez les bagages des musiciens, avant d'espérer intégrer leur univers. « Je n'oublierai jamais Jimi Hendrix chargeant ses affaires dans le bus », raconte Henry Nash, un membre du groupe. « Il avait emballé sa guitare dans un sac de pommes de terre. Elle n'avait que cinq cordes. » Au cours d'une tournée, Jimi obtint la permission de jouer un peu et fit si bonne impression que George et les autres l'invitèrent à les rejoindre sur scène.

À cette époque, le prodige ne restait pas en place. Il quittait souvent les tournées, manquait les bus, peut-être volontairement, et personne ne le regrettait. Son jeu, sa manière d'attirer l'attention énervaient ses collègues moins talentueux, le « bon gars » musardait selon son gré, en quête de beauté. Il fit sa première grande rencontre dans un hôtel d'Atlanta. En voyant Little Richard et sa coiffure pompadourienne, Jimi se précipita vers lui et, admiratif, proposa ses services au rocker pianiste. Le chanteur accepta. « Il ne jouait pas mon type de musique, dira Richard à l'écrivain Charles White. Il jouait plutôt un blues à la B.B. King, mais il se mettait au rock. Et c'était un bon gars. Il avait commencé à s'habiller à ma façon et portait une petite moustache comme la mienne. » Une photo le montre en costume noir, avec des souliers vernis, presque mal à l'aise. Seuls le visage et sa magnifique chevelure ébouriffée montrent la bête merveilleuse qui commençait à pousser sous la chrysalide et laissent présager de la folie à venir.

Jimi se lassera de la discipline stricte et de la jalousie du chef. Il ne supportait plus les chaussures vernies ni les ordres d'un petit marquis mégalomane. Un jour, il acheta une chemise élégante et crut que Richard allait lui arracher son vêtement : « Retire ça ! Il n'y a que moi qui ai le droit d'être beau ! » Le chef défendait à ses employés de jouer ailleurs et veillait à leur accoutrement.

Le jeune homme de Seattle finit par déserter et erra sans argent, jusqu'à sa rencontre providentielle. Résolu à soutenir le prodige, Curtis Knight lui offrit une Stratocaster, paya son loyer et le présenta à son manager Ed Chalpin. Jimi signa son contrat sans bien le lire, puis revêtit la tenue de gala propre aux orchestres de soul blues. Grâce à sa brillante recrue, le fondateur des Squires comptait bien sortir des caves, des nuits étouffantes, et se mettre définitivement à l'abri des projectiles. Jimi mènerait les sans-grade à la lumière.

Ensemble, ils parcoururent les meilleurs clubs de New York, le Cheetah, et un lieu mythique baptisé Ondine, une discothèque privée « installée » sous le pont de la 59e Rue. Les Doors se produisirent entre ces murs antiques et chic. Des célébrités venaient souvent y boire un verre. Lorsque les Squires débarquèrent, les chaises étaient vides, mais quelques soirs plus tard, la salle débordait de curieux, vagabonds, journalistes, musiciens... Jimi, habillé d'une veste léopard, diablement excitant, se livrait à des acrobaties, triturait sa guitare, faisait striduler sa machine électrique. Son cercle d'admirateurs grossissait et montrait une belle ferveur. Curtis respira. À près de quarante ans, il entrevoyait la réussite et méditait des plans fabuleux. Il avait donné à Jimi la liberté nécessaire. C'est pourquoi il se poserait en véritable découvreur.

Mais un soir, Jim ne vint pas. Curtis se reverra souvent sur la scène d'Ondine, guettant la porte d'entrée. Le guitariste avait disparu sans laisser le moindre mot. Un certain Chas Chandler l'avait enlevé comme une princesse et emmené dans son château de Londres. Des sentiments contradictoires agitèrent Curtis. Il aurait bien aimé traverser l'océan pour hurler à ces gens ce qu'il pensait d'eux, voire leur casser la figure, mais il manquait d'argent. Jimi n'avait rien dit. Après tout, l'homme du Kansas comprenait son attitude, partageant la même ambition. Mais le silence lui fut insupportable.

Après la mort de Jimi, Curtis Knight rencontra le bassiste Bill Wyman. « Sais-tu que nous nous trouvions parmi le public du club Ondine ?, lui apprit le musicien des Rolling Stones. Et Chas était avec nous ! C'est moi qui l'avais convaincu de venir ! »

Cette nouvelle pansa la blessure amère de Curtis, heureux du rôle qu'il avait joué dans la révélation du prodige. Il s'assurerait une certaine postérité, et certainement, sa carrière profiterait de ces quelques semaines glorieuses. Curtis ne rencontra pas Chas à l'Olympia. Les deux hommes s'évitèrent ou ne se virent pas, comme deux fantômes dépourvus de réalité, prisonniers de leurs vies différentes, qu'un territoire commun avait rapprochés près de trente ans plus tôt, mais qu'un mensonge avait cruellement séparés. Chas n'avait jamais oublié la première fois où il aperçut Jimi Hendrix sur la scène du Café Wha ?, à Greenwich. Il était tombé en extase devant le guitariste qui portait une veste en cuir, un pantalon sombre, et n'avait pas de chaussettes. L'invitant à partager sa table, à l'écart, il engagea la conversation avec le jeune Afro timide, parfois drôle. Il lui tint des propos directs, sans tergiverser. Le monde l'attendait, et sa légende partirait d'Angleterre, capitale musicale de ces années-là. « Il te faudra tout quitter ! Bouleverser ton existence, et tu gagneras ! » Le voyage coûtait cher. Chas vendit sa collection de guitares, ses objets les plus précieux, et partit sans prévenir quiconque.

Arrivé en Angleterre, il installa Jimi au Hyde Park Towers Hotel, puis le reçut à son domicile. Dans ses mémoires, Eric Clapton raconte comment Chas Chandler lui a présenté le jeune Noir extravagant. Les deux hommes s'entendirent aussitôt, du fait qu'ils aimaient les mêmes bluesmen. « La chanson que Jimi voulait interpréter était "Killing Floor" de Howlin' Wolf. Je fus sidéré parce qu'elle était difficile à jouer. Évidemment, Jimi l'a faite exactement comme il le fallait, et il m'a complètement époustouflé. La première fois que les musiciens jouent avec un autre groupe, ils essaient de se restreindre un peu, mais Jimi s'est lâché. Il a joué de la guitare avec les dents, plaçant le manche derrière la tête, ou allongé par terre. » Clapton s'est approché de Chas : « Dis donc, tu ne m'avais pas dit que ce type était foutrement bon ! »

Il avoue avec honnêteté avoir pris peur. Son groupe Cream commençait à bien marcher, et l'arrivée impromptue d'un tel génie risquait de les éclipser. De son côté, Chas triomphait, mais il concevra une terrible rancune envers Jimi quand la « bête merveilleuse » couchera avec sa femme.

Aux États-Unis, le départ de Hendrix provoqua des remous. Ed Chalpin se montra bien plus offensif que Curtis. L'impudent avait rompu leur contrat et devrait rendre des comptes. Le producteur poursuivrait le fantôme par-delà les années, jusqu'au bout du chemin, incapable de lâcher le trésor. Jimi entendit les fracas lointains causés par son départ, chagriné ; il comptait bien revenir au pays, voir sa famille, rappeler ses vieux camarades.

Plus tard, au cours d'une escale à New York, l'expatrié joignit son ancien et éphémère leader, et l'invita à boire un verre à l'hôtel Gorham de Manhattan. Curtis répondit par l'affirmative, excité, ne sachant pas très bien ce qu'il lui dirait. Il vit arriver un prince riche et flamboyant, bien éloigné du vagabond sans guitare qu'il avait connu dans la petite chambre de Times Square. « Tu as vu mes nouvelles fringues ? », s'amusa l'« homme sauvage de la pop », comme l'appelaient les Anglais. Il tourna sur lui-même, exhiba ses chaussures. Curtis l'observait, tentant aussi de faire bonne impression, fier de sa veste bleu pétrole et sa cravate. Il avait gardé la mode des années 1950, tandis que Jimi explosait de couleurs, de formes, comme un arc-en-ciel. Avec le recul, l'image de ce bonheur éphémère lui parut ensuite cruelle et bien dérisoire. Il comprit que derrière les beaux costumes se cachait le diable, et que le jeune Faust électrique avait dû rendre des comptes jusqu'à l'épuisement final. Il l'enviait et le plaignait à la fois.

Il avait eu vent du formidable accueil que son ancien artilleur avait reçu à Londres. Tous les seigneurs du royaume – Pete Townshend des Who, Eric Clapton, les Beatles, l'égérie Marianne Faithfull – assiégeaient les clubs afin d'écouter les chansons prismatiques et éthérées du maître, « Hey Joe » et « Purple Haze ». Il avait ébranlé la vieille Angleterre.

« Je sais que je suis parti vite, se justifia Jimi. Mais Chas et les autres m'ont dit qu'ils avaient informé tous les gens concernés de leur intention, et de notre projet. »

Curtis s'étonna. Son ami avait-il cru ses bienfaiteurs ? Peut-être cette confiance l'arrangeait-il ? Mais le garçon ne cesserait jamais de le surprendre.

« Et si on faisait un nouveau disque ensemble ? »

Curtis manqua lâcher son verre. Jimi cherchait-il à s'assurer le pardon de son ancien employeur floué ? Le leader des Squires ne le pensait pas, car le prodige ne raisonnait jamais de manière tordue, n'entretenait pas d'arrière-pensées où seraient entrés calculs, remords, intérêts. Il suivait son instinct, son plaisir. Curtis avait tissé un lien très fort avec lui, et aucun obstacle ne viendrait le briser. Il vit donc son frère de cœur s'envoler vers la gloire sans éprouver de rancœur.

Jimi offrit à l'homme qui l'avait aidé ce cadeau merveilleux. Il enregistra les chansons de Curtis, « Gloomy Monday », une ode au week-end, et empoigna même la basse. Les deux créateurs accumulèrent suffisamment de matériel pour sortir deux albums entiers. Ils s'entendaient bien et musicalement, échangeaient des idées sur l'art, veillaient tard, évoquaient leurs angoisses. Jimi souffrait de ses mauvais rêves. « Tu veux que je te dise un truc, Curtis ? lui révéla-t-il un matin. Dans cinq ans, je serai mort. Mais avant, je voyagerai partout, et je mourrai quand mon message d'amour, de paix, aura été partagé par des millions de personnes. »

Knight écrivit « La Ballade de Jimi », et y joignit une étrange dédicace : « Une chanson dédiée à la mémoire de mon meilleur ami. »

Maintenant, Jimi est parti
Sa mémoire vit encore
Il n'est pas parti, il est juste mort
Moi et mon meilleur ami

Jimi, encore bien vivant, avait ri. Ils coururent au studio pour enregistrer cette chanson, et s'amusèrent. Partageant ces bons souvenirs, ils ne se perdirent jamais de vue, jusqu'à la funeste matinée du 18 septembre 1970.

Curtis n'accepta pas tout ce que les témoins, journalistes, pseudo-historiens racontèrent sur l'idole et décida d'écrire son propre livre, *Jimi*, dont la première version parut en 1974. Il grimaça en lisant ce compte-rendu de la revue *Let It Rock* : « Les fans de Jimi Hendrix seront familiers avec le nom de Curtis Knight. » Il savait qu'il ne se libérerait jamais de la bulle dans laquelle le hasard l'avait emprisonné comme l'un des premiers employeurs de Jimi. Et encore, ce privilège lui était volé par le flamboyant Little Richard. Et Curtis avait peu à peu sombré dans l'oubli.

Deux ans après la soirée à l'Olympia, il réédita son livre, complété, harmonisé, sous le titre *Starchild*, dont la couverture mocharde vous donnerait presque la nausée : Jimi y est dessiné, flottant dans une nuit étoilée, au centre d'un faisceau lumineux que lui envoie, depuis le ciel, sa guitare comme une soucoupe volante. Le dessin rappelle les *comics* bon marché vendus à la criée. Si Yazid a bâti un mausolée élégant, Curtis nous a ouvert son propre livre d'images, vulgaire, bourré de vitraux, d'icônes superstitieuses et d'auréoles. Il se moque bien de la réaction des journalistes qui fustigent sa naïveté. Jimi croyait aux ovnis, et communiquait avec le cosmos. Il avait confié un jour à un reporter du *New York Times* qu'il venait de la planète Mars. Curtis lui-même en était persuadé. « Je sais qu'il ne plaisantait pas », écrira-t-il. Hendrix pensait que d'autres peuplades hantaient le système solaire, des esprits généreux et bons. Il appréciait et soutenait les prophéties de Nostradamus, et plusieurs fois, pendant qu'il jouait, Curtis prétendit que des soucoupes traversèrent le ciel comme sur l'île de Maui, à Hawaï. « La station de la radio locale reçut des douzaines de coups de fil de témoins qui ignoraient même que Jimi donnait un concert sur l'île. »

Nous entendons tous sa voix encore qui nous parle du ciel dans « Up from the Skies » :

Je veux seulement vous parler / Je ne vous ferai pas de mal
Je veux seulement en savoir plus sur vos vies /
Ici-bas, sur vos terres
J'ai entendu dire que certains d'entre vous ont installé leur famille dans des cages hautes et froides
Y restent et s'en vont en poussières après leur vieillesse /
Est-ce vrai ? Laissez-moi vous parler ?

Le guitariste disait : « Une fois que vous avez saisi un

type de rythme, il peut devenir hypnotique si vous le répétez, de nouveau et de nouveau… Il peut vous ouvrir un espace… »

Quant à Curtis, une drôle de vision lui était d'ailleurs restée de son concert à l'Olympia : il s'était tourné vers les coulisses et avait cru apercevoir Jimi qui, assis sur une chaise, l'écoutait en souriant. À la fin de son morceau, il avait regardé de nouveau vers l'ombre, mais son ami avait disparu.

Aux habitants d'Electric Ladyland,

Ah, qu'il me l'a donnée!

Hey,

Warner Music a fêté la signature du nouveau contrat de Johnny dimanche 15 janvier au restaurant La Maison Blanche, à Paris (près du pont de l'Alma). Thierry Chassagne, le président de la major, a offert à l'Idole une belle guitare Fender Stratocaster Gold customisée que l'artiste a fièrement brandie devant les photographes. Le seul petit problème est que la légende du cliché envoyé à la presse people indique que cette guitare a appartenu à Jimi Hendrix...

Comme on me le fait remarquer, soit Johnny a sorti devant l'assistance une phrase dont il a le secret (!!!), soit tout simplement l'agence photos a fait un malheureux raccourci pour donner plus de poids à l'événement.

J'ai immédiatement appelé le bureau de Thierry Chassagne, et également celui de l'agence, pour leur dire qu'il y avait une légère erreur sur la légende accompagnant la photo. En espérant qu'ils feront le nécessaire à temps!

Stay tuned

Y

Hebdomadaire gratuit *Paru Vendu* (15 septembre), interview de Brigitte Bardot:

Q: on vous a prêté de nombreuses liaisons amoureuses et autres passades. La dernière en date serait celle de Jimmy *(sic)* Hendrix. Alors, info ou intox?

R: C'est complètement mensonger et faux. Si c'était vrai, je vous le dirais! J'ai eu beaucoup d'amants, mais pas celui-là. À l'époque, je n'aimais pas ce qu'il faisait. Cela fait partie des fantasmes collectifs. Les amants que j'ai eus, on les connaît et j'en ai parlé... Les stars nourrissent les fantasmes, c'est bien connu... et encore aujourd'hui.

Affaire à suivre !

Y

LES HOMMES BLESSÉS

Le soir de la nuit à l'Olympia, le plus célèbre des *rock critics* français, Philippe Manœuvre, caché derrière ses lunettes noires, arriva à l'heure, entouré d'un cortège de jolies filles. Lorsqu'il aperçut Yazid, il se précipita vers lui :

– Randy California viendra aussi ?

Yazid le regarda, un peu vexé.

– Tu verras...

Le guitariste et chanteur blanc Randy faisait partie du club très sélect des privilégiés ayant joué avec Jimi. La carte de membre vaut cher, et vous permet d'accéder aux sanctuaires. Son apparition provoqua une sorte de stupeur parmi les nostalgiques des années d'or. Yazid a conservé des photos du personnage à la coiffure bouclée grisonnante, entourée d'un bandeau indien, le visage barré d'une moustache. Randy avait gardé une allure psychédélique, sorte de Hendrix blanc. Avec le recul, sa présence ressemble presque à une homélie funèbre. Sept ans après ce concert hommage, il a sombré, un 2 janvier, dans les flots solaires de Hawaï, au large de cette Californie qu'il avait tant sublimée. Il faisait du surf avec son fils Quinn, âgé de douze ans, lorsqu'un contre-courant les emporta. Il parvint à pousser son garçon vers la rive, sain et sauf, mais, épuisé, il ne put atteindre la terre à son tour et se noya, obtenant son diplôme de mythologie. Il avait refusé de vieillir comme un arbre séculaire. Peu avant sa disparition, il s'était coupé les cheveux et guettait la nouvelle chance après des années de turbulences, de rêves déçus.

Né Randy Graig Wolfe, à Los Angeles, en 1951, il avait beaucoup traîné dans le club de son oncle Ed Pearl, Ash Grove, un café de folk music où les nomades venaient jouer. Mance Lipscomb, le duo Brownie Terry et Sonny McGhee, le Texan Lightnin' Hopkins et le pleureur magnifique, Sleepy John Estes. Plus tard, le grand combo de blues Canned Heat dévoila au jeune garçon les magies de la guitare électrique. Randy sut quel chemin il emprunterait, monta au début des années 1960 un premier groupe, The Red Rooster, au nom inspiré par le classique de Willie Dixon, mais l'enterra assez vite, obligé de se séparer de cet homme qu'il aimait beaucoup, son beau-père, le batteur Ed Cassidy, parti tenter sa chance dans le jazz sur la Côte Ouest. « Nous nous retrouverons ! Notre histoire n'est pas terminée ! » lui avait promis le jeune homme, bien décidé à séduire New York. Il ne se doutait pas que sa plus belle rencontre aurait lieu dans ce magasin de musique, chez Mann'ys, en plein Greenwich Village. Il admirait les guitares suspendues au mur quand, du fond de la boutique, un son incroyable lui parvint. Un Noir afro à l'apparence échevelée essayait une Stratocaster. Randy l'écouta, puis, après ce bref concert, félicita l'auteur avec beaucoup de chaleur, et une forte amitié naquit entre eux.

Le garçon se faisait appeler Jimmy James, mais il se nommait Jimi Hendrix (c'est ce que Randy apprendrait plus tard). Les deux baroudeurs décidèrent de lancer un groupe, Jimmy James and The Blue Flames, « ramassis hétéroclite de petits Blancs », selon les mots du critique Charles Shaar Murray. L'aventure de jeunesse fut jolie et passionnante. Ils se promenaient sans se soucier de rien, jouaient où leur fantaisie les entraînait, se produisirent souvent au Café Wha ? Jimi apprit plusieurs morceaux à Randy, « Hey Joe », « Wild Thing », quelques superbes blues. Musicalement, les compagnons s'entendaient vraiment bien, profitaient de ces splendides journées, du temps sans contrainte, dont l'infini plaisir ne durerait pas. Randy devina vite la fin de leur brève histoire après avoir vu de nombreuses personnes graviter autour de Jimi, l'attendre en bas de la scène. Parmi elles, le guitariste des Rolling Stones, Keith Richards, et le bassiste des Animals, Chas Chandler, le prenaient toujours à l'écart et l'invitaient pour de longues discussions. Ils essayaient de le convaincre de quitter le sol américain afin de tenter l'aventure anglaise. Jimi finit par admettre leurs arguments, puis il se tourna vers Randy : « Tu viens avec moi ? » Son complice exprima son enthousiasme, mais posa une condition : « On prendra Ed Cassidy comme batteur ! » Il n'obtint pas satisfaction, et ne s'est jamais bien expliqué pourquoi Jimmy et son manager Chas n'avaient pas accepté. Seulement, Randy n'avait que quinze ans, et Chas ne pouvait emmener un mineur. D'ailleurs, cela a-t-il de l'importance ? Randy resta fidèle à son ami Ed – le plus essentiel pour lui – et à sa promesse de bâtir une formation avec le mari de sa mère, conscient malgré tout qu'en ne suivant pas le prodige afro jusqu'à

Londres, il manquerait un virage important de sa carrière. Évidemment, il n'ignorait rien des rivalités et blessures d'orgueil auxquelles leurs joutes les auraient exposés. Deux guitaristes comme eux n'auraient jamais pu cohabiter en parfaite harmonie, et l'avenir effaça sa relative déception, puisque six mois plus tard, il fondit le légendaire groupe de rock psychédélique Spirit, et se fit son propre nom, prisonnier de l'orbite hendrixienne, certainement, mais un nom quand même !

Leurs chemins n'ont cessé de se croiser dans ce siècle exaltant, plein de romances et d'émotions. Randy aurait dû ouvrir la voie à Jimi Hendrix sur la scène de Woodstock, en 1969, mais son manager s'y opposa, croyant plus utile de promouvoir l'album de Spirit ou peut-être désireux de couper le cordon. Le bon California ne parvint jamais à trancher la mince membrane qui le reliait à Hendrix, suivit même ses traces bien plus tard, lorsqu'il traversa à son tour l'océan et débarqua dans cette Angleterre encore fumante des scintillements de son ami. Pourtant, la disparition du Génie fut certainement sa grande rupture, le début, comme pour beaucoup de musiciens, d'une errance en quête de sens. Randy échappa heureusement à une certaine forme de destruction, même s'il entama la décennie suivante usé par la drogue et les excès. Par chance, son inspiration avait survécu, tranchante, vivante, grâce à l'héritage du grand musicien. Il publia un album solo, *Kapt. Kopter and the (Fabulous) Twirly Birds* (1972), il invita Mitch Mitchell alias Tim McGovern et Noel Redding, sous le sobriquet de « Clit McTorius », en souvenir de son amitié avec Jimi. Ils ont bien ri ensemble. Dans ses mémoires, le bassiste de l'Experience donne une image amusée et critique de Randy : « Il suffisait qu'il entre dans une pièce pour que se forme autour de lui un rond de saletés : miettes de tabac, cendres, cigarettes consommées, bouts de peau, morceaux de bouffe à moitié mangés. »

Amenée à juger la première tentative solo du leader de Spirit, la critique y décela « une sensuelle alliance entre le sens mélodique des Beatles, les assauts sonores de Jimi Hendrix et l'improvisation coltranienne. La guitare de Randy California n'a jamais mieux sonné. » S'il s'estimait satisfait de cette comparaison, il aurait pu ressentir une certaine lassitude de voir, à chacune de ses sorties, revenir le spectre.

Randy fit paraître un nouvel album de sa formation mythique, Spirit of 1976, qui fut décoré de la suprême louange : « Ce disque, écrivit le *New Musical Express*, est le propre *Electric Ladyland* de California, une collection intrigante de questions parlées auxquelles répondent des codas en apothéose. » Le magazine *Rolling Stone* aborda la même thématique : « À travers ce disque, la dette de California envers Hendrix est manifeste. Il propulse sans complexe sa Stratocaster sur des chansons associées à Hendrix, comme "Hey Joe", "Like A Rolling Stone" et – oh non ! – "The Star Spangled Banner". Et il aborde d'autres titres avec la même approche, "Walking The Dog", "Happy End" et "America The Beautiful / The Times They Are A-Changin". »

Flatté, Randy traînait malgré tout son mal-être. Qui écoutait Spirit ? Le temps avait passé, et ses œuvres personnelles s'étaient effacées comme les années 1970. La seule lumière qui l'éclairait désormais était celle de Jimi, et il s'en félicitait tout en laissant paraître une légère amertume. Quand Yazid l'appela, il demanda 15 000 francs, mais annonça qu'il viendrait seul et recruterait les bonnes volontés disponibles sur place. Le voyage procura à Randy une vraie délectation. Il eut le plaisir de retrouver une vieille connaissance, Noel Redding. Le bassiste de l'Experience avait finalement préféré traverser la Manche pour fuir la déprime, et les souvenirs de cette petite route de Cork qui l'avait privé de Carol. Il adoptait son comportement habituel, sensible, un peu perdu, heureux de revoir les vieux amis. Les deux hommes s'enlacèrent. « Je suis content de te voir ! » Noel évita d'évoquer son chagrin, espérant que la soirée chasserait ses pensées suicidaires, et Randy n'insista pas. Nous ne connaissons pas bien les circonstances de l'accident, ce jour de juin 1990. Il n'arrivait pas à se rappeler la sortie de route, le virage pris trop rapidement, les tôles froissées, et à côté de lui, Carol Appleby, la tête renversée en arrière, désarticulée. Le coup du lapin. Nuque brisée. Elle avait quarante-trois ans. Noel n'eut pas une égratignure, mais la femme qu'il adorait gisait à côté de lui, et elle continuerait longtemps à apparaître dans ses rêves comme une statue désarticulée.

En feuilletant leur livre *Are You Experienced ?*, paru quelques mois plus tard, nous apercevons une photo qui les montre tous les deux extrêmement épris l'un de l'autre. Carol sourit, le visage encadré de longs cheveux bruns, avec ses lunettes, l'air baba, assez sexy. Sur l'image suivante, un Bob Dylan dépoitraillé et chaleureux enlace le couple entre ses bras immenses. Cette scène montre l'affection que Noel, sympathique, accessible, a toujours suscitée dans le milieu. Il a connu sentimentalement ce qu'il n'a jamais réussi à obtenir dans la musique, une reconnaissance suprême. Aucun critique ne l'a vraiment considéré comme un grand musicien, alors que l'autre figure du Jimi Hendrix Experience, le batteur Mitch Mitchell, a été réévalué, et que le « Gypsy » Billy Cox suscite toujours des avis élogieux et fut même cité pour propulser l'Experience. Mais désargenté, bohème, celui-ci demeura à New York, occupé à chercher des cordes pour sa basse, et laissa passer le train.

Jimi s'était donc envolé vers l'Angleterre sans Randy ni Billy, bien décidé à trouver des gentlemen pour les remplacer. Au même moment, Noel errait, désespéré, prêt à mettre sa guitare et son ampli au clou. Il avait perdu l'espoir de décrocher un engagement. Peut-être devrait-il essayer la batterie, un instrument très recherché sur les offres d'emploi ? Une dernière chance s'offrit à lui. Eric Burdon reformait son groupe Animals et cherchait un guitariste. Noel n'oublierait jamais son voyage à Londres, « peut-être le plus beau jour de ma vie », le cœur étreint d'angoisse, car il accomplissait son ultime tentative avant de prendre une terrible décision : renoncer à la musique ! Il se rendit dans la prestigieuse agence de Harold Davidson, près de Regent Street, et là-bas, un homme l'enjoignit de gagner le Birdland, un night-club huppé.

L'essai ne se révéla pas concluant. Burdon grimaça, ne le jugeant pas suffisamment brillant, même si, dans ses mémoires, il élude largement ses raisons. En vérité, le poste avait déjà été pourvu. Puis, alors que Noel remballait ses affaires, le manager Chas Chandler vint le voir. « Tu as déjà joué de la basse ? » Noel le dévisagea, surpris : « Moi ? Non ! » « J'ai du boulot pour toi ! »

Des musiciens préparaient un joli projet. Noel se rendit à leur local et se retrouva devant un incroyable Noir afro aux chaussures baroques, emmitouflé dans un imper à la Humphrey Bogart. Jimi Hendrix adora la coiffure frisée de ce jeune Anglais au teint pâle. « Je lui racontais que ses cheveux étaient un peu plus longs que l'image que je m'étais faite de l'Américain inspiré de l'apparence du GI», écrira Noel. « Et tandis que nous marchions, il me demanda si je voulais revenir un jour prochain dans la salle d'audition, car il espérait me voir dans son nouveau groupe avec lui. Chas me pria de revenir et j'acceptai à condition qu'il me donne dix shillings pour me payer le train. » Il repartit, heureux de jouer avec un artiste qui avait baigné dans la grande musique d'un lointain territoire, de l'autre côté de l'océan, où le garçon de vingt ans n'avait jamais mis les pieds. Et sa mère exprima une joie intense à la pensée que son fils avait obtenu un emploi.

Noel était certain de réussir malgré un problème de taille. Il devrait prendre la basse. Le poste de guitariste n'était pas disponible, bien sûr, et plutôt en bonnes mains. Les jours suivants, il écuma les magasins d'instruments afin de trouver un manche à sa mesure, mais les cordes, souvent trop proches, lui paraissaient dures, épaisses, écorchaient ses doigts. Chas proposa sa Gibson, mais Noel fut gêné par la caisse trop lourde. Le manque de choix le décevait. Les firmes ne construisaient pas beaucoup de basses électriques. Mais il finit par adopter la meilleure pour lui, et l'étrenna sans savoir s'il réussirait à en tirer une sonorité intéressante. Il tiendrait les fondations de la maison rouge. Jimi avait l'air content, aimait bien sa manière héroïque et peu orthodoxe de jouer de la basse comme seul un ancien guitariste en était capable. Jimi eut plus de difficulté, en revanche, à choisir le batteur. Il hésita entre Aynsley Dunbar, un transfuge des Bluesbreakers de John Mayall, et le surdoué, Mitch, qui portait l'humiliation d'un licenciement : Georgie Fame venait de le virer de son groupe Blue Flames. Comment les départager ? Le manager Chas Chandler et Jimi envoyèrent une pièce en l'air, et le sort désigna Mitch. La magie noire avait défini la formule du futur trio démiurgique.

Noel aussi avait eu sa part de chance ou de hasard. Et la belle aventure partit d'un endroit improbable, depuis qu'un chanteur français, Johnny Hallyday, avait vu Jimi au Blaise's, à Londres, au côté de l'organiste Brian Auger. Il proposa à Chas de les emmener en tournée avec lui. Le Français, « idole des jeunes », ne leur tint pas vraiment compagnie, préférant voyager dans son Aston Martin. Noel évoque un état de nervosité extrême. Jimi tremblait. Il n'avait alors pas l'habitude de fumer. Il demandait à son frais bassiste de lui rouler des joints, et les fumait pour se calmer. La première sortie de l'Experience, au Novelty d'Évreux, le 13 octobre 1966, risquait de les envoyer au purgatoire. Comment le public recevrait-il leur sonorité assez âpre ? Il parut apprécier, mais le moins que l'on puisse dire, c'est que le journal local ne fut pas tendre : « Après cet intermède assourdissant, apparut la dernière "découverte" de Johnny Hallyday. Il s'agissait d'un guitariste à la chevelure broussailleuse, mauvais cocktail de James Brown et de Chuck Berry, qui se contorsionne pendant un bon quart d'heure sur la scène en jouant parfois de la guitare avec ses dents. »

Depuis, la légende a fait son œuvre, et cette ville est comme la gare de Perpignan chère à Dali, le centre du monde, le cœur de la galaxie électrique, petite cité oubliée à quelques kilomètres de Paris où se tient aujourd'hui le festival « Rock dans tous ses états ». Une plaque commémorative, inaugurée le 15 octobre 1996 en présence de Noel, rappelle le concert historique.

Un écrivain a dit : « Seuls les débuts sont intéressants. » Le jeune bassiste n'oublierait jamais les moments les plus merveilleux. Jimi n'avait pas encore accédé au statut de mythe, et la pression n'avait pas atteint son pic maximal. L'Anglais fut enthousiaste, et pourtant, une drôle d'ambiance gagna vite le trio. Il expérimenta la drogue. Au cours d'un vol au-dessus de New York, il se retrouva assis à côté de Brian Jones, le fondateur des Rolling Stones, qui lui offrit quelques tablettes, et Noel, doucement emporté par une brume pourpre, vit le monde en couleurs, rouges, roses... Il commença à perdre pied, et bientôt ne toucha plus terre, passant d'avion en avion, dans un état onirique. Heureusement, un fort courant passait entre eux. Mitch apprit le blues, mais donna en contrepartie à Jimi une sensibilité jazz, et Noel amena son leader vers le rock and roll. Une synergie incroyablement intense électrisait le trio. Le temps fila bien trop vite. Ces quatre années marquèrent profondément, on l'imagine, ses sentiments, et le jeune homme se doutait bien qu'il devrait, jusqu'à la fin de ses jours, les raconter, en expurger tous les détails intimes, et qu'aucune autre expérience ne vaudrait son séjour dans le jardin d'Éden, puis dans celui des Supplices. Il assuma toutes les contraintes, et la fatigue d'une œuvre puissante à créer, l'art le plus splendide de l'époque. Le travail en studio pour le premier album, *Are You Experienced*, en 1967, l'excita et le blessa en même temps. Noel comprit qu'il n'aurait jamais la liberté rêvée. Hendrix avait écrit toutes ses lignes de basse et lui interdisait de dévier de la route établie. Parfois, Jimi prenait son instrument et jouait à sa place. De l'autre côté, Mitch semblait jouir d'une entière autonomie. Chas paraissait le considérer comme un bien meilleur musicien. Proche de l'humiliation, ressentant un certain malaise, Noel serra les poings, malgré tout comblé par sa présence au sein du brillant combo.

Il plaça deux chansons, « She's So Fine » sur le deuxième disque, *Axis : Bold As Love*, en 1967, et surtout, l'année suivante, « Little Miss Strange » qui apporte de la légèreté au chef-d'œuvre *Electric Ladyland*. Il se sentit enfin exister, préparé pour l'avenir. Cependant l'euphorie ne dura pas. Il recommença rapidement à étouffer, désireux de travailler à l'extérieur, et proposa de produire un groupe canadien, The Church. La société de l'Experience lui répondit qu'elle n'avait pas les fonds pour l'aider.

Le bonheur se changea en amertume. Noel se lassa de l'humeur changeante de Jimi, joyeux puis inquiet de la pression et des poursuites engagées contre lui par Ed Chalpin, et parfois même violent. Le jeune bassiste détestait aussi l'arrogance méprisante de Mitch à son égard. Il raconte dans ses mémoires qu'il lui arriva parfois de volontairement mal jouer, afin d'exprimer ses ressentiments et malaises. Cette vie-là ne correspondait pas à l'idéal qu'il avait tant de fois imaginé. Quand les trois complices se retrouvaient, ils ne parlaient plus, se méfiant les uns des autres. Ils se disputaient les filles, la drogue, le plaisir sans joie. Pourtant, curieusement, Noel en redemandait. Il détestait les périodes de repos, comme enclavé dans une machine dévorante, mais désireux d'y replonger. Le vide l'angoissait. Lorsqu'il rentrait, les murs vierges, les pièces désertes le désespéraient, et il appelait sa mère. L'Experience l'avait coupé de ses amis, et le condamnait, en dehors d'Elle, à tourner en rond, à attendre le bon vouloir du prince, une nouvelle tournée qui le rongeait et l'emplissait d'ennui. Puis, un jour, il n'arriva plus à joindre Jimi et parvint à apprendre de la bouche de la petite amie Devon Wilson qu'il enregistrait avec Mitch et Billy Cox. Une éviction en catimini. Il éprouva une profonde tristesse de les savoir ensemble, tandis qu'il errait, chassé de la belle et impitoyable machine. Il passa à New York une soirée plaisante avec la chanteuse Mama Cass pendant que Mitch et Jimi tournaient aux États-Unis sans lui. Il accompagna pendant quelques heures le groupe d'Eric Burdon, War, mais rien ne pouvait le détacher de l'Experience, sa douleur et sa nécessité. Jimi avait remonté un groupe, le Band of Gypsys, et menait un parcours brillant et turbulent.

Sans doute Noel avait-il encore foi en son avenir, du moins sa vie privée lui paraissait-elle suivre un bon chemin. Après la fin de l'aventure, revenu chez les Terriens, il épousa sa bonne amie Suzanne, le 6 novembre 1969, parce qu'elle était enceinte de lui. Il avait organisé une cérémonie, offrant le voyage à sa belle-mère depuis Copenhague. « La vie de musicien n'ennuyait pas Suzanne », écrit-il dans son livre. « Et elle partageait mon rêve d'une idyllique vie à la campagne. Mais j'avais tout faux. » Il lui proposa de s'installer quelque part, avec sa mère, en attendant de trouver leur nid d'amoureux, mais elle refusa et retourna au Danemark.

Il se retrouva seul. Le bonheur était passé si vite. Et pourtant, il avait encore de nombreuses années à vivre, en espérant qu'elles ne seraient pas assujetties au souvenir de Jimi. Il créa son propre groupe, Fat Mattress, mais le destin de ce projet était aléatoire. Comment croirait-il à cette nouvelle voie après ce qu'il venait de vivre ? La formation était-elle suffisamment bonne ? Personne ne lui disait rien, en mal ou en bien, comme si son nom le protégeait de tout débat. Chas affirmait que le public de l'Experience viendrait l'applaudir. Le disait-il pour le calmer ? Noel n'y croyait pas, et il avait raison. Il soupirait, espérant secrètement revenir auprès de Jimi, jusqu'à ce jour de septembre 1970. Il séjournait dans un hôtel, à New York, quand un homme l'appela.

– Un ami à vous est mort !

– Qui ?

– Jimi Hendrix.

Noel pensa à une possible plaisanterie. Comme il le racontera plus tard, il se sentit soudain très seul. L'intime dont il était le plus proche venait de disparaître. Un afflux de sang lui monta à la tête, ses jambes tremblèrent. Quelques minutes plus tard, le téléphone se mit à sonner sans discontinuer. Des filles tambourinèrent à sa porte, en larmes, criant. Elles parlaient de se suicider, de se jeter par la fenêtre de sa chambre. Leurs hurlements déchiraient les couloirs de l'immeuble. Il dut quitter les lieux afin de recouvrer un peu de tranquillité, se dirigea vers l'église la plus proche. Il n'avait jamais été religieux, mais il éprouvait le besoin de se recueillir, de penser à son ami pendant de longues minutes. Puis, il échoua dans un bar et se mit à boire jusqu'à être saoul. Il appela le chanteur anglais Paul Jones et demeura plusieurs heures avec lui, à picoler, à échanger des souvenirs, à dire des bêtises.

La chance l'avait quitté. Le fisc lui tomba dessus, et son divorce assombrit davantage son moral. Ses tournées ressemblaient à une équipée dramatique. Le cœur n'y était plus. Tout leur matériel fut volé aux États-Unis. Trois mille dollars de batterie et de guitares partirent en fumée. Noel reconstitua le trésor de guerre, mais son groupe, qui avait bénéficié d'une belle avance financière, éprouva beaucoup de difficulté à trouver d'autres engagements. Il ne parvenait pas à dominer les affairistes impitoyables, et s'effondrait. Jimi avait eu le même tempérament, une sensibilité qui le handicapait dans les négociations d'argent. Et pourtant, par son talent, le guitariste l'aurait sauvé de ce pétrin, il en était persuadé. Son génie lui manquait tant. Noel mesurait le fossé que l'illusion avait creusé. Il n'était pas grand-chose. Personne ne le connaissait en Europe. Son disque, *The Road*, publié quelques mois après la mort de Jimi, ne rencontra pas le public. De désillusion en désillusion, le bassiste glorieux s'obstina, heureux de jouer une musique tout à fait libre, entre reprises rock des Move et blues, mais faute de réponses, le projet sembla s'éteindre.

Il rentra en Irlande courant 1972, résolu à s'éclater, à vaincre sa morosité, à ranimer ses amitiés natales qui sauraient le ressourcer. Là-bas, près de sa chère mère protectrice, il s'adonnerait à la musique jour et nuit, car ce pays vert ne proposait aucune autre diversion. Il acheta une maison, véritable laboratoire où chacun pouvait venir, écrire, composer, dormir. Il loua un local pour les répétitions. « Quant au groupe, j'avais viré tout le monde », confia-t-il au *Melody*

Maker en 1976. « J'étais résigné. Ils m'avaient viré et je m'étais viré moi-même. » Il avait cependant bien progressé depuis l'époque bénie. « Nous avons produit des choses brillantes avec l'Experience, mais la moitié du temps, je ne savais pas ce que je faisais. C'était des jours anciens. Je me rappelle la première fois où nous avons dit qu'on pouvait enregistrer sur huit pistes. Maintenant, nous pourrions juste y mettre un tambourin. » Il avait le sentiment de revenir malgré tout de l'enfer. Les musiciens des années 1960 avalaient des pilules. Noel avait pris la mauvaise habitude d'ingurgiter des bouteilles de gin entières, il fumait, et luttait contre ces vices qui le détruisaient et gâchaient le reste de son existence.

Il fondit un autre groupe, The Clonakilty Cowboys, avec lequel il entama des tournées en Europe, sans parvenir à ressusciter le plaisir qu'il avait connu à vingt ans avec Jimi. Il ne voulut pas renoncer, œuvra à un album solo, pendant des années, entre déprime et excitation, mais, doutant du résultat, ne le publia pas. Il s'accrochait à son rêve perdu, à un passé toujours présent, bien souvent douloureux. Il apprit que des inconnus avaient volé la pierre tombale de Hendrix, à Greenwood, et en fut choqué. Dans ses moments de désespoir, il ne savait pas qui appeler, regrettait de ne plus connaître les témoins de cette époque, pour partager leurs afflictions et les joyeux souvenirs. Parfois, il voyait Mitch Mitchell qui se consacrait au seul plaisir du jeu, et semblait avoir enterré toute ambition professionnelle. Sa légende suffisait sans doute à son bonheur. Les deux anciens complices ne possédaient aucune valeur commune, mais se retrouvaient avec une certaine volupté, pressés d'évoquer l'homme surnaturel qu'ils avaient eu le privilège de bien connaître. Peut-être Mitch vivait-il mieux leur histoire ? « Je n'ai jamais été l'employé de Jimi Hendrix. Je n'ai jamais été l'employé de quiconque. Je jouais avec lui parce qu'il était le meilleur musicien au monde », déclara le batteur au magazine *Sounds*, en 1971. Noel admirait ce genre de philosophie, une belle indépendance, alors que lui s'était mis sur le dos une pression démesurée.

Il se rappelait la fin de l'Experience comme un cauchemar, en dépit d'un sentiment de délivrance. Il n'éprouverait plus cette peur panique à l'idée de décevoir le Maître, ces soulagements bizarres lorsque Jimi, en petite forme, ratait des soli (et pourtant, quand il naviguait à son meilleur niveau, Noel avait l'impression d'être le plus grand bassiste du monde). Désormais, il pratiquerait une musique plus légère, et libérée de cette tension qui le rendait malade. Les dernières années, les nostalgiques pouvaient l'écouter, chaque vendredi soir, dans son pub De Barra. Entouré de ses fidèles amis, John Coughin de Statu Quo, et Eric Bell du groupe Thin Lizzy, il poussait gaillardement le wagon fumant du rock and roll.

Noel affectait de se réjouir, mais derrière son calme relatif, il bouillonnait dans ses douloureux souvenirs. La mort de Jimi Hendrix l'obsédait, il avait vu fondre le soleil de sa propre carrière qui n'avait cessé de péricliter depuis des décennies. À vingt ans, il avait donc tout exprimé, tout consumé, perdu sa bonne étoile, et s'était retrouvé dans le froid, obligé de se battre contre la faillite financière et des sentiments d'aigreur de plus en plus violents. Il aurait dû percevoir des émoluments de l'Experience, et ne comprenait pas pourquoi il manquait d'argent à ce point, cédait à des colères rentrées contre ces escroqueries dont il s'estimait victime. Il écrivit des lettres, sans obtenir de réponse, impatient de toucher ses droits. Il dut mettre sa maison en vente, mais aucun acheteur ne se présenta. Il céda sa basse historique de l'Experience pour 16 000 dollars, et ironie cruelle, la revit bien plus tard, derrière la vitrine d'un musée consacré à Hendrix. Il s'arrêta devant l'objet et le contempla, tremblant, ému, agité par de confuses pensées, comme si le Noel Redding des années 1960 était vitrifié, empaillé.

Mais il vivait toujours, et aucune torture ne lui était épargnée. Régulièrement, il entendait des informations sur l'héritage de son ami disparu, comptait les zéros, éprouvait un certain vertige devant cette fortune dont il profitait si peu.

Durant l'été 1978, il essaya de relancer un groupe, acheta même un van afin d'y transporter le matériel, mais ne parvint pas à recruter des musiciens intéressants, et s'aperçut que le public ne l'attendait guère. Heureusement, pendant toutes ces années, une voix sympathique résonnait à ses oreilles, tour à tour cajoleuse et forte. Son amie Carol Appleby, solide, de bon conseil, le secouait et l'enjoignait de quitter sa morosité. Elle chantait même avec lui et avait peu à peu, musicalement, trouvé sa place jusqu'à le protéger, s'efforçant de chasser les intrus qui polluaient leur existence amoureuse. « Je n'en peux plus. Je n'arriverai jamais à vivre avec toi et tes chagrins. Tu es trop négatif. Tu dois t'en débarrasser. Pourquoi n'écrirais-tu pas un livre ? Cela terminerait cette histoire et te rassurerait. » Elle luttait à ses côtés, mais commençait à perdre patience devant les effondrements de son ami, ses repentirs, et son alcoolisme. Combien de fois dînait-il seul à la cuisine, lapant une bouteille de scotch ? Il se mit à écrire, obéissant à la discipline que sa bien aimée lui imposait, et réussit à terminer son autobiographie. « Leur » livre. *Are You Experienced ?* les sauva d'une rupture annoncée et d'un désespoir sans doute irrémédiable. Carol le cosigna.

Bien des années plus tard, l'air frais et serein de l'Irlande lui donnait un goût de paradis, de survie improbable, comme si, en redécouvrant son pays, il reprenait goût à la vie. Il avait réussi à vaincre le poison. La publication de l'ouvrage le mettait en joie. Carol aussi exprimait sa foi, mais le jour même où les mémoires de l'ancien bassiste de l'Experience pénétrèrent les librairies américaines, leur nouveau bonheur se disloqua dans les tôles d'une voiture. « Après avoir été ensemble pendant dix-sept ans, me réveiller avec ma partenaire et mon amour morte à côté de moi fut une dévastation », écrivit-il dans l'édition anglaise du livre. Il ne se suiciderait pas. Carol lui avait légué détermination et pugnacité, et il ne pouvait trahir les combats de cette magnifique femme. Sur les conseils de son médecin, il se rendit en Espagne et y séjourna pendant presque tout l'été. Il mena un combat acharné contre les idées de destruction, d'anéantissement, et revint plus fort encore. Il avait déserté la mort, définitivement, prêt à accepter ce qu'on lui proposait. Ce messager venu de France venait ainsi à point nommé. Un autre pays, non loin de l'endroit où l'épopée avait commencé. « J'irai à l'Olympia ! » songea-t-il. « Pour ma douce Carol ! »

Noel accepta de rester un peu plus longtemps. Il touchait la même somme que Randy California, mais jouerait plusieurs soirs au bar américain Conway's, à la Fnac Bastille et au New

Morning. Il avait exigé une chambre double et deux femmes (« A couple of ladies »). Parlait-il sérieusement ? Yazid se garda bien de répondre à cette demande. Joe réserva un charmant petit hôtel rue Fontaine, prenant soin d'indiquer au musicien où se trouvaient les bars à hôtesses. Noel avait envie de musarder à travers la capitale, de profiter d'un peu de bon temps. Il avait prévu de se produire en duo guitare / basse avec un ami, Bill Conley, et prévint Yazid qu'il ne se contenterait pas de reprendre des morceaux de Jimi Hendrix, mais élargirait au répertoire rock and roll. « Des classiques », disait-il. « J'ai envie… » Yazid accepta le marché. Comment aurait-il pu refuser ce privilège à un homme si durement touché ? Peut-être devait-il prévenir le public ? Noel n'aurait pas pris ombrage de ses remarques, et pourtant, le jeune producteur le laissa agir à sa guise.

À peine arrivé à l'hôtel, le bassiste posa ses bagages et se rendit dans les bars de la rue Fontaine. Il but des verres et s'assura la compagnie de jolies Françaises séduites par ce garçon aux fines lunettes et à la chevelure frisée.

« Anglais ? » lui demandaient-elles.

– Je vis en Irlande. Je suis musicien. Je m'appelle Noel Redding.

Puis, conscient que les jeunes femmes ne l'avaient pas identifié, il ajoutait :

– J'ai été le bassiste historique du Jimi Hendrix Experience.

Il voyait avec plaisir l'effet que son annonce produisait sur les jeunes femmes qui ouvraient grand leurs yeux et paraissaient intimidées. Les unes posaient sur lui un œil de piétas idolâtres, les autres le harcelaient de questions.

Quelques-unes ne le croyaient pas. Il n'envisageait pas de poursuivre une aventure avec elles, jouissait surtout de leur regard. Les beautés parlaient à un témoin historique, parachuté comme un miracle dans leur quotidien banal. Noel avait tenu bon pour recueillir les étoiles de sa légende. Il avait franchi des précipices d'humiliation, de mal-être, de dépression, pour goûter cette minute de triomphe à Paris, son petit péché d'orgueil. Jimi se serait bien amusé à le voir et l'entendre.

Lorsqu'il se présenta à l'Olympia, il fut comblé, troublé en apercevant tout ce monde réuni au chevet de la statue de Hendrix. Il patientait en coulisses lorsque Yazid monta sur scène et le présenta : « Maintenant, le grand bassiste du Jimi Hendrix Experience ! » La vague humaine répandue dans la nuit gronda et applaudit. Noel arriva et attaqua tout de suite « Be Bop A Lula » devant un public de fans assez déconfits. Quelques sifflets fusèrent. Puis, il joua en acoustique des morceaux d'Elvis Presley, du folk, de la country. Mécontent de l'accueil houleux, Yazid prit le micro pour éteindre la bronca des amateurs, déçus, de Jimi Hendrix. Puis Noel joua « Little Miss Strange » avec grâce et émotion. Il retrouva l'autre âme meurtrie, Randy California, et les deux anciens compagnons attaquèrent un « Hey Joe » poignant.

Noel a depuis rejoint son vieil ami, Randy. Il fut trouvé mort, le 11 mai 2003, dans sa maison de Clonakity, en Irlande. D'une complication due à une cirrhose du foie. Cette soirée de l'Olympia demeure un souvenir cher au cœur de Yazid. Il feuillette les pages de son Livre personnel, comme ce « Blues Heaven » que chantait autrefois Wille Dixon. Tous au paradis du Bleu.

Aux habitants d'Electric Ladyland,

Hey,

Jimi Hendrix est entré au Music City Walk of Fame. Lundi 5 novembre, des marques sur le trottoir ont été dévoilées, honorant le guitariste et cinq autres personnalités. La cérémonie s'est déroulée dans le Hall of Fame Park, au centre de Nashville. Jimi Hendrix, qui occupe le premier rang, selon la liste du magazine *Rolling Stone*, parmi les 100 plus grands guitaristes de tous les temps, a commencé sa carrière de musicien professionnel à partir de 1962, après s'être établi à Nashville où il a perfectionné son savoir-faire dans les clubs de Jefferson Street et de Printer's Alley.

Stay tuned

Y

LA « PATINEUSE DE L'ENFER »

Les cheveux blonds de Monika étincelaient dans l'ombre de l'Olympia. Elle était entrée pendant le concert d'Eric Burdon et l'observait depuis les coulisses, en échangeant quelques mots avec le producteur Joe Boyd caché dans un renfoncement du mur. C'était presque une image rêvée. Les témoins réunis au pied de la scène levaient leurs coupes de champagne et discutaient à voix basse. Quand le matin viendrait, ils disparaîtraient, et Yazid ne les verrait plus qu'en souvenir.

Un journal anglais affirmera un jour que Yazid et Monika étaient amis. Mais le garçon n'a jamais véritablement percé l'énigme de cette femme « mystérieuse, envoûtante ». Il se rappelle, à Paris, la « patineuse de l'Enfer » qui commençait à s'effacer de la vie, Monika, fille d'un industriel allemand, dont la silhouette fantomatique et douce dérivait entre les fils entrelacés des amplis et les caisses entreposées. Elle cherchait des connaissances à qui parler, mais personne ne tournait les yeux vers elle. Elle semblait nerveuse, inquiète, guettait la porte des loges, comme s'il allait apparaître. Elle s'assit et écouta, perchée sur une caisse d'ampli, ses jambes aux longues bottes de cuir croisées et pendant dans le vide. Elle était toujours aussi grande et carrée, les épaules droites, mais son visage avait perdu de sa solarité. Elle promenait un regard terne, fatiguée du chemin qu'elle avait parcouru, autant dans le temps que géographiquement, pour revoir Burdon, se réconcilier avec la population d'Electric Ladyland, et prouver sa légitimité.

Depuis vingt ans, elle tentait de s'expliquer, ne comprenant pas la haine qui la poursuivait, et avait transformé sa vie en Enfer. Elle s'efforçait de rompre l'ostracisme dans lequel l'avaient plongée les habitants d'Electric Ladyland. Les terres d'exil ne disaient rien à celle dont l'existence avait été dédiée à l'amour. Très vite après la mort de Jimi, elle avait adressé des messages au cercle proche, sollicité des rendez-vous, harcelé une « amie » de l'Idole, la journaliste et écrivain Sharon Lawrence, jusqu'à susciter la colère de celle-ci : « À l'époque, terriblement enragée par ces lettres, je m'étais tournée vers Henry Steingarten qui m'avait conseillé de complètement l'ignorer. “Elle tente de se donner plus d'importance qu'elle n'en a en réalité”, m'avait-il dit. À présent, après tout ce temps, elle me téléphona d'Angleterre, demandant doucement : « Tu te souviens de moi ? » Je ne répondis rien. Comment pourrais-je oublier la femme qui a laissé mourir Jimi ? »[1] Monika insista pourtant et invita une Sharon méfiante à partager le thé dans le jardin où elle avait pris les ultimes photos de l'Idole, le jour même de sa mort. Le drame l'avait rejetée derrière son massif de roses, trem-

1. Sharon Lawrence, *Jimi Hendrix*, Flammarion, 2005.

blante, hésitant à sortir de peur d'être agressée, condamnée à observer le ciel, les rues vides, à écouter les oiseaux, à parler seule. Elle jardinait, essayant d'alléger son esprit. Énervés par ses appels ou missives, les compagnons de Jimi soupçonnaient l'égérie de chercher des informations sur celui qu'elle appelait « mon fiancé ». La « patineuse de l'Enfer », la « pute », comme les fans l'appelaient, envisageait d'écrire un livre, et harcelait les éditeurs. Elle tenterait encore une fois de joindre Sharon qui l'insulta et lui interdit de l'appeler. « Tu le connaissais à peine, et tu as laissé mourir un ami. » En entendant ces mots, Monika fondit en larmes. *Tu le connaissais à peine !* Deux années quand même. Et Jimi souhaitait l'épouser.

Pendant ces années de deuil, elle dut se défendre des attaques et des insinuations. La fiancée « officielle », l'ancienne coiffeuse Kathy Etchingham, ne ratait pas une occasion de l'étriller. Elle ne supportait pas qu'une autre femme revendique le privilège d'avoir été l'égérie du grand musicien, et son ultime amour. Elle contribua à répandre le soupçon sur Monika. Sans ces agressions, cette dernière n'aurait peut-être pas écrit son livre, *The Inner World of Jimi Hendrix* (le monde intérieur de Jimi Hendrix), ni accusé sa rivale de mensonges et de vol, et encore moins porté à la connaissance du public les félonies d'une arriviste. Pendant que Jimi voyageait, Kathy le dépossédait de tout et le trompait avec Georgie Fame, Paul McCartney... L'intéressée nia ces allégations et n'eut d'autre moyen que d'entamer une action en justice.

Lorsqu'elles parurent à la barre, les deux femmes ne présentèrent pas le même profil. À quarante-neuf ans, Kathy, mariée à un médecin, mère de deux garçons, les cheveux grisonnants, semblait forte, solide, fière de sa réussite sociale. Dans son propre ouvrage, *Through Gypsy Eyes*, elle raconte que Jimi fut dévasté en apprenant ses noces, et qu'il ne la prit pas au sérieux. Il lui demanda de venir le chercher à l'aéroport, et elle accepta une dernière fois, surprise de le trouver seul. « Il pensait que je l'attendrais, que j'appartiendrais toute sa vie au paysage. » Mais elle refusa de reprendre leur romance, si bien qu'il abandonna leur appartement, les larmes aux yeux, extrêmement pâle. Les drogues l'avaient métamorphosé. Ses cheveux avaient viré au gris, et s'appauvrissaient. Il paraissait épuisé, malade. Kathy se rappelait leur rencontre au St James Club, en 1966. Jimi venait de débarquer le jour même à Londres, joyeux, confiant et complètement inconnu. Éclatant, sous sa crinière de lion, le corps robuste, il ne se droguait pas, buvait des jus de fruits, jouait avec l'espoir de changer le monde, et y mit une telle ferveur qu'il accéda à la gloire en quelques semaines. Mais très vite, Kathy ne partagea pas l'excitation du clan, tant elle vécut une période agitée, presque clandestine, car le management craignait qu'une partie du public – féminin – se détourne du musicien s'il exhibait une fiancée officielle. La pression, les manœuvres des uns et des autres lui apportèrent bien des désillusions. Elle aurait pu deviner vers quels chemins chaotiques et sombres le succès les mènerait, combien son art extrême, vampire, laisserait son célèbre amant exsangue. Elle assista à cet émerveillement surnaturel, mais aussi à la facture que le Diable ne manqua pas de lui réclamer. Elle ne se doutait pas qu'une « Patineuse de l'Enfer », venue des glaces comme le Surfer d'Argent, le héros mutant inventé par

Stan Lee en mars 1966, l'emporterait. Malgré ses frustrations et les menées de ses rivales, Kathy pourrait toujours dire qu'elle avait inspiré « Foxy Lady », et surtout « The Wind Cries Mary » après une dispute, et participé au glorieux récit des années 1960. Mais pour son existence immédiate, quel bénéfice en tirerait-elle ?

Même séparé d'elle, Jimi avait continué à toujours l'aimer (c'est du moins ce qu'il affirmait). Le futur mari de Kathy n'ignorait rien des sentiments du prodige et de ses approches, ni qu'elle l'avait éconduit. « Tu n'y peux rien ! Je l'aime », avait-elle lancé à un Jimi éberlué, étonné de devoir s'effacer devant un anonyme. Sans doute Kathy avait-elle compris qu'elle ne construirait rien avec un mythe ?

Au moment du procès, elle accomplissait pleinement sa deuxième vie, comme agent administratif, assumait un quotidien ordinaire, à l'opposé de sa jeunesse turbulente. Elle n'écoutait plus la musique de Hendrix depuis longtemps. « Du passé ! disait-elle. Des choses anciennes. » Pourtant, elle n'avait jamais vraiment renoncé à éclaircir les circonstances de sa mort. Les pseudo-connaissances que l'Allemande prétendait avoir de la tragédie et de son amant la mettaient en colère. Elle avait interrogé les policiers, ambulanciers, médecins, coroner, reçu des documents médicaux, sans parvenir à saisir une vérité fugace. Kathy avait entendu parler des aveux de Mike Jeffery – propos d'ivrogne ? – et ne sut jamais où il se trouvait durant cette nuit dramatique (en Espagne ?). Les témoins avaient noté que la porte de la chambre était ouverte, que Jimi, couvert de vomi jusque sur l'oreiller, avait été évacué totalement habillé, et ne pouvait donc avoir pris des pilules pour dormir. Le Docteur John

Bannister avait confié au *Times* qu'en arrivant à l'hôpital Hendrix était décédé depuis plusieurs heures et non quelques minutes. Ceux qui savaient, comme cette relation proche de Jeffery, James Wright, se gardaient bien de dire quoi que ce soit, craignant de subir des représailles. On mentionnait un gang, la mafia... Kathy voulait arracher la vérité à Monika, dont la version avait été entérinée. Personne ne l'avait jamais remise en cause, mais elle mentait. Certains témoins avaient entendu des cris, un bruit de bagarre. Yazid, « l'obsessionnel de Hendrix » selon le *Times*, qui connaissait Monika et l'appréciait, ne croyait pas aux propos de Wright, trop heureux de promouvoir son livre. D'ailleurs, comment vérifier ?

Elle scrutait donc, de l'autre côté du prétoire, Monika, d'un an plus âgée. Restée artiste et bohème, l'ancienne patineuse incarnait la défaite. Malade, elle promenait un visage triste et fatigué, traînait son immense solitude, bombardant de notes contradictoires et parfois incompréhensibles ses avocats. Le livre de Tony Brown, *The Final Days of Jimi Hendrix*, l'avait démolie. Il l'accusait d'avoir prévenu trop tard l'ambulance, et elle protestait, contre-attaquait, laissant chaque fois un peu de son énergie, s'épuisant davantage. « Jimi m'a donné un lourd fardeau, et m'a dit que s'il mourait, je devrais répandre son message », disait-elle sur un ton las. « Il n'a jamais éprouvé de dépression ou de tristesse quand il était avec moi. Si je n'avais pas été son amie, j'aurais mené une vie ordinaire. »

L'intrigante allemande avait pénétré l'intimité de Jimi, sans aucune légitimité, l'accusaient ses détracteurs, fracassant une idole épuisée. Telle une araignée, elle l'avait attiré dans sa chambre de Vénus noire. Elle avait préparé le repas, des spaghettis *bolognese*, pendant que Jimi prenait un bain et se lavait les cheveux. Où se trouvait-elle quand il laissa un message, vers une heure du matin, au bureau de Chas, message dans lequel il suppliait : « Mec, j'ai besoin de ton aide ! » Monika ne confirma jamais cet appel. Le lendemain matin, elle sortit pour s'acheter des cigarettes et, en revenant, s'aperçut que Jimi était toujours endormi. Elle tenta de le réveiller, mais sans y parvenir.

Elle passa de nombreuses années au milieu de ses souvenirs, touchant délicatement du doigt la superbe Stratocaster de Jimi, sa « beauté noire », comme il l'appelait, qu'elle conservait depuis le 18 septembre 1970. Aucun musicien n'avait plus joué de cet instrument, et l'objet trônait chez elle, tel un totem.

Les querelles de personnes s'accompagnèrent d'une étrange seconde vie. L'idole, ressuscitée, les observait. Quelques mois après le décès, sortit *Loose Ends*, une compilation de titres de studio inédits. En vérité, bien peu possédaient de la valeur, comme si Mike Jeffery avait pioché au hasard des étagères sans approfondir ses recherches. Jimi n'avait pas achevé ces titres, rôdés, testés pendant la chaleur du mois de juillet 1970. Le disque contenait de belles promesses, une interprétation de « Drifter's Escape » de Bob Dylan, des chansons comme « Burning Desire », bien parties mais arrivées malheureusement nulle part. Il manquait à la plupart des œuvres un ultime coup de pinceau. D'ailleurs, le cadeau posthume se consuma tout seul, dans une vraie déception. Je ne l'ai jamais écouté, et l'œuvre est repartie hurler au fond du chaudron infernal. Jimi chantait aussi

« Coming Down Hard on My Baby », soufflant une vague de blues funky, comme s'il faisait l'amour. Non loin, moulée dans son cuir, chaude, sa muse noire Devon Wilson le fixait de ses yeux sombres, sous son ample chevelure de paon. Longiligne, elle l'inspirait, lovée comme un joli cobra dans un coin du studio. Les proches de Jimi la voyaient apparaître et disparaître. Elle avait donné des jouissances à toutes les stars de l'époque, Brian Jones, Mick Jagger, Eric Clapton, Duane Allman, et promenait partout son Eros fascinant. Lorsque Monika Dannemann s'absentait, Devon revenait comme un succube, l'approvisionnait en drogues, l'envoûtait, le capturait dans ses filets. Le 27 novembre 1969, elle avait organisé une soirée d'anniversaire en l'honneur de Jimi. De nombreux amis avaient honoré l'invitation. Mick Jagger y fit une apparition. Mais au cours de la soirée, en ouvrant une canette de bière, il se coupa le doigt et commença à pisser le sang. Devon se précipita vers le chanteur des Rolling Stones, prit sa main et lui suça l'index. Jusqu'à la fin de la soirée, elle demeura près du « blessé » et finit même par partir avec lui, au grand désespoir de Hendrix. L'incident – et la frustration qui en découla – inspira au guitariste « Dolly Dagger » : « She drinks the blood in a jagged edge » (Elle boit le sang dans un bol ébréché). Le talent littéraire de Hendrix, souvent peu mis en avant, éclate dans cette phrase où il utilise le mot « jagged », jeu à double sens sur Jagger, son ami chanteur qu'il s'amuse à qualifier d'« ébréché ».

« Dagger », c'est le poignard, référence encore à Mick Jagger, et « Dolly », la douce aimante, fatale. En voyant Devon, Jimi regardait certainement la mort en face, une mort au visage sexy, un vampire irrésistible.

Au retour de la fiancée officielle, la diablesse et sa dague s'évanouirent. On lui imputa la mort du guitariste, et Devon finit par expier ses péchés en tombant par la fenêtre du Chelsea Hotel un jour de 1971. Monika avait vu avec satisfaction, au début, la colère des fans se détourner d'elle pour fustiger la disparue. Mais la haine était vite revenue vers la survivante.

Elle ne sortait plus, occupait ses journées à peindre des dizaines de tableaux de Jimi qu'elle accrochait sur les murs de son appartement, fidèle à sa thématique mystique du Dieu descendu sur terre. Elle les vendait afin de vivre. Toiles colorées, arc-en-ciel, chargées en dorures, comme des vitraux, avec des soleils, des planètes, à l'intérieur d'une boule de cristal. Elle les exposait partout, jusque dans son garage, entre les arbres et les bosquets de son jardin. Elle brossait aussi des paysages naïfs au bord de pièces d'eau, où se reflétait le Bouddha doré que Jimi contemplait.

Jimi avait adoré son travail. Elle disait que le guitariste n'était pas un missionnaire, mais un poète avec une mission.

Personne n'a jamais su quels sentiments il avait investis dans Monika. Tout ce que nous savons, nous le savons d'elle, mais Kathy s'est toujours ingéniée à démentir ses propos, tenant à conserver son pavillon de royale égérie, et occupée à diriger la meute. Elle était sûre d'une chose : jamais Jimi n'avait projeté d'épouser Monika, et elle contestait la préface que le vieux père Al avait accordée pour le livre de l'Allemande, *The Inner World of Jimi Hendrix*, paru en 1995 :

Famille de Jim

À ceux que cela concerne.

Je voudrais établir que mon fils Jimi était fiancé avec Monika Dannemann et qu'ils avaient l'intention de se marier. Toutes ces histoires calomnieuses écrites sur Monika au sujet de mon fils sont fausses. Ils s'aimaient... Monika, depuis le jour où j'ai vu vos peintures, j'ai compris que vous n'aviez pas seulement rencontré le corps de Jimi, mais aussi son esprit.

James « Al » Hendrix

Janie, la demi-sœur, ajouta son propre commentaire :

Monika, je vous remercie de tout ce que vous avez fait pour garder les rêves de Jimi vivants. ... Grâce à votre travail artistique, nous avons une fenêtre sur votre expérience spirituelle avec Jimi. Que Dieu vous bénisse.

Janie Hendrix Wright.

Un texte de la belle-mère japonaise de Jimi, Ayako June, figurait sur la page :

Jimi m'appelait sa « nouvelle maman ». C'était un gentil jeune homme, adorable, timide et drôle. Je l'aimais comme mon propre fils. Il me manque et je regrette tant qu'il ne soit plus là. Les peintures de Monika sont belles et très vivantes. Elle est comme quelqu'un de la famille. Je l'aime comme si elle était ma propre fille.

En 1968, Al épousa Ayako et adopta sa fille Janie, âgée de sept ans, devenue membre à part entière de la famille et future héritière. La belle-mère de Jimi avait une telle passion pour le guitariste qu'elle choisit plusieurs de ses morceaux, en prévision de son enterrement qui eut lieu en 1999. Dans sa solitude, Monika avait enfin trouvé la famille qu'elle n'espérait plus. Ayako, Janie et Al ne lui reprochaient pas la mort de Jimi.

Elle se rappelait la première fois qu'elle avait découvert sa musique. C'était en 1968. Après avoir arrêté la compétition, elle enseignait le patinage à Genève et, un soir, tandis qu'elle regagnait son domicile en voiture, elle se brancha sur Radio Caroline, et entendit le Jimi Hendrix Experience qui jouait « Purple Haze ». « C'était si étrange et tellement différent de ce que j'avais écouté jusqu'alors. J'ai aimé la musique instantanément, comme si elle semblait toucher quelque chose à l'intérieur de moi, comme aucune autre musique ne l'avait jamais fait. »

Une sale blessure l'obligea à retourner chez ses parents, à Düsseldorf. Quelques jours plus tard, elle apprit que le Jimi Hendrix Experience faisait escale dans la ville et demanda à son jeune frère, Klaus-Peter, lui aussi fan, de l'y emmener. Elle n'a jamais oublié la vision du musicien sur scène, son magnétisme animal et sexy. Elle ferma les yeux et se laissa emporter, puis entraîna son cadet au Pirate, le club où elle savait que le groupe finirait la soirée. Partagée, elle refusa d'abord l'occasion qui lui était donnée de s'asseoir à la table du magicien, effrayée par sa réputation d'ogre sexuel. Un journal avait même écrit : « Jimi Hendrix est en ville. Avertissement à toutes les mères : enfermez vos filles ! » Le guitariste avait la réputation d'être un homme sauvage, brutal. Il dormait parfois avec trois ou quatre filles, et dans son sillage, comme une nuée de sauterelles accrochées à sa lumière, des poupées blondes virevoltaient, piaillaient, se disputaient les faveurs du Maître. Elle eut l'occasion de prendre quelques photos à son hôtel, le 13 janvier 1969. Dans son récit, elle ne cesse de se justifier, affirmant que la notoriété ne l'intéressait pas et qu'elle fut poussée vers lui. « Il était la dernière personne que je voulais rencontrer. Je ne le regardais pas, espérant qu'il m'ignorerait. » Il portait un collier de jade et un bracelet indien, identiques à ceux qu'elle avait, comme deux frères de sang. Il lui posa de nombreuses questions. « As-tu un petit ami ? » Elle répondit qu'elle n'en avait pas mais cherchait quelqu'un à aimer sincèrement. « Veux-tu être ma petite amie, lui demanda-t-il. Tu es la femme que j'ai cherchée toute ma vie. »

Jimi insista et parvint à la convaincre. Il se montra élégant, attentif, emmena la jeune fille vierge, ménageant pour elle une place ultime sur un bout du trône. Ces quelques instants de sa vie et l'intimité qu'elle partagea jusqu'aux derniers jours suffirent à la promouvoir, selon elle, comme gardienne du temple hendrixien, et même dans son rôle de caution morale. Elle affirma souvent que la chanson « Purple Haze » ne traitait pas de ses expérience de drogues comme trop de gens l'avaient cru. Le premier titre, d'après elle, était : « Purple Haze – Jesus Saves ». La pièce racontait un rêve du musicien, un esprit de la mort quittant la terre et un fœtus en attente de naissance enveloppé par cette brume. Il rédigeait de longs poèmes, et le management lui demandait d'en couper la moitié.

Devant le tribunal, elle raconta ce beau récit, afin de se défendre, mais sa position presque sainte ne put éviter un procès coûteux et destructeur. Elle perdit l'affrontement, et Kathy demanda au juge qu'on mette Monika en prison. Sa requête n'aboutit pas.

L'Allemande sortit abattue et plus ruinée encore. Elle ne pourrait plus dénoncer les mensonges de son ennemie, se défendre. Accepter qu'on lui reproche un homicide par imprudence ? Quelle ignominie ! Elle portait un fardeau plus pénible qu'elle n'imaginait. Sa défaite judiciaire l'accabla. Elle n'avait même plus envie de peindre, de manger, de vivre, errait à travers les rues, sans but. Le matin du 5 avril 1966, inquiète de ne pas la voir répondre à ses appels, sa mère, qui vivait non loin de sa fille à Seaford (Sussex), donna l'alarme.

Les policiers enfoncèrent la porte de son garage et aperçurent la flamboyante Mercedes de Monika remplie de fumée. Une odeur nauséabonde empestait le lieu. Elle avait fixé un tuyau d'arrosage sur l'échappement et s'était asphyxiée avec le gaz à l'intérieur. Sa tête reposait, le visage tourné sur le côté, immobile, presque serein.

L'annonce de sa mort bouleversa le voisinage. Elle n'avait laissé aucun mot. En apprenant la tragédie, Kathy avoua sa tristesse et affirma qu'elle n'avait jamais éprouvé d'inimitié personnelle envers Monika, mais que certains excès avaient dû être réglés par la justice. Uli Jon Roth, l'ex-guitariste du groupe de hard rock germanique Scorpions, qui avait partagé un temps sa vie récente, éprouva une véritable affliction : « Elle était la personne la plus pure et innocente que j'ai rencontrée, mais j'ai le sentiment que la presse et les médias l'ont complètement crucifiée. Elle n'a jamais été en position de se défendre elle-même. C'est tragique parce qu'elle était une ingénue. »

Uli, émule de Hendrix, avait incarné l'ultime espoir de l'égérie maudite. Monika écrivit des chansons pour lui, et dessina plusieurs pochettes de ses albums. Le guitariste de Scorpions a toujours affirmé que, sans elle, il ne serait pas devenu un artiste aussi inspiré. En son hommage, il composa « Requiem for an Angel », récupéra la « Black beauty » et l'enferma dans un coffre, savourant l'étrange passation de pouvoir qui s'était opérée.

Mais, en ce jour de septembre 1990, Monika traversait comme en suspens l'Olympia, emmenant avec elle bien des trésors cachés, et lorsqu'elle aperçut ce Noir tout en blanc, brillant dans la pénombre, elle l'enlaça. Il se nommait Curtis Knight et rapporterait plus tard une étrange conversation entre Jimi et l'Allemande. « Si je décidais de mourir, m'aimerais-tu suffisamment pour me suivre ? », avait-il demandé. Et la jeune femme avait répondu : « Oui, car la vie n'aurait aucun sens sans toi ! »

MAISON ROUGE FOR SALE

Le temps effaçait le visage de Monika, mais Yazid se rappelait son expression plutôt lasse, et il la regarderait longtemps s'éloigner au petit matin, vers son hôtel, sans imaginer qu'il ne la reverrait plus, finissant même par douter de sa présence à côté de Curtis Knight. Comme écrasés par un poids trop fort, les proches de Jimi n'arborèrent pas des mines de vainqueurs ce soir-là. Ces nuits consacrèrent surtout la réussite du fan. Il avait réussi à faire venir John Lee Hooker qui joua « Red House », avec sa manière de chanter incantatoire, primitive, ses psalmodies de prêcheur halluciné. Son visage noir brillait sur le costume sombre qu'ombrageait un chapeau. Yazid lui avait réservé un petit hôtel au Quartier latin, mettant à sa disposition plusieurs chambres afin d'y loger sa troupe importante. Il avait entamé avec le baladin une conversation difficile, tant sa langue heurtée, venue de l'antique Mississippi, le dérangeait. « Un génie, Hendrix. Un monstre, reconnut John Lee. Je n'ai jamais vu l'homme. Je l'ai simplement écouté. Il aimait les gens, comme le montrait sa musique. Il était selon moi le plus grand chanteur de rock and roll et de blues. Vous pourriez me dire qu'il m'avait écouté, comme beaucoup d'autres, mais il sonnait comme du Jimi Hendrix. D'autres musiciens essayaient de sonner comme lui, et s'en approchaient, mais ne parvenaient pas à l'égaler. Vous pouvez enfiler ses vêtements, mais ne pouvez créer sa musique car elle vient du cœur. Jimi avait beaucoup d'âme. Il pouvait jouer du blues dur aussi. Mec, il pouvait tout broyer. Je voulais le voir jouer mal. »

John Lee déversa cette pièce de douze mesures qui relève de la pure tradition du blues noir de Chicago. Il l'attaqua férocement comme une incantation africaine, pigmentée par des flèches de guitare grasseyante, une batterie lourde. Sa version éclaire le *Tribute to Jimi* sorti en 1995, arrosé de ses giclées d'orgue qui rappellent Stevie Winwood sur « Voodoo Child ». Le diable lui chauffait les fesses. Puis, il retrouva l'obscurité, et repartit, voûté, faisant son âge. Il reviendrait un an plus tard au Grand Rex, puis s'effacerait à jamais du monde.

J'ai découvert le chef-d'œuvre « Red House » sur l'album *live* de Jimi, *In the West*, paru en 1972. Mon père me prêta cette œuvre intense, certainement la meilleure manière d'approcher une épopée malgré tout difficile pour un enfant. J'avais dix ans et j'avais le chemin facilité, car ma sœur, plus âgée que moi, écoutait *Electric Ladyland* dans la chambre voisine. Je ne sais pas si j'étais particulièrement bien disposé ce jour-là, mais cette musique à laquelle j'étais jusqu'à présent resté insensible, comme à celle de Coltrane et au jazz, me pénétra profondément. En matière d'art, il faut trouver ce que j'appellerai « l'heure bleue », le moment magique où les portes s'ouvrent, où votre esprit, votre âme accueillent une création sans résistance. Le passeur peut être un guide, un écrivain, un cinéaste ou votre sœur. Je ne suis pas allé tout de suite vers *Electric Ladyland*, j'ai fait un petit détour par l'Ouest, moins éthéré, plus charnel.

Je partais en quête du génial guitariste par ses respirations posthumes, étranges, étonné de ce Jimi *in the west*, à l'esprit très rock and roll. Il y joue « Johnny B. Goode », « Blue Suede Shoes », les classiques de Chuck Berry et de Carl Perkins. Il nous montre là une réminiscence de ses premières heures, lorsqu'il jouait dans le groupe de Little Richard, et livre une version épique, homérique de « Red House », loin du morceau d'origine paru dans *Are You Experienced*. Il était alors plus ramassé, comme un whisky sans eau, porté par cette lourde ligne de basse que j'ai toujours vue comme l'ample charpente en bois de la maison. Il pouvait étendre à l'infini ce formidable blues, bien pratique pour lui, agrandir la belle maison aux pièces secrètes, aux passages souterrains invisibles, livrés à son imaginaire. Je me suis toujours demandé ce que pouvait bien être cette demeure rouge, au loyer peut-être hors de prix. Je me la représente, située sur le lac Washington où se reflètent ses murs vermeils. Mais en écoutant les paroles, je n'ai trouvé aucune trace de plan d'architecture. Le personnage de la chanson vient retrouver sa fiancée qui habite là, sur la butte, mais sa clé ne parvient pas à ouvrir la porte. *Something's Wrong, Baby*. Une sourde inquiétude monte. L'habitation demeure schématique, sans fondation, comme ces maisons dessinées à la craie dans le film de Lars Von Triers, *Dogville* (2003). Des fantômes courent tout au long du thème, en particulier celui d'Elmore James. Le guitariste préféré de Jimi, brillant sculpteur du blues moderne, jouait une musique chaotique et suggestive. J'aime beaucoup son classique « The Sky is Crying » (le ciel pleure), magnifique blues à la lenteur poisseuse et romantique, sorte de déclamation lancée au ciel, à la pluie, aux orages. Je regrette que Jimi n'ait pas joué ce thème magnifique. Au fait, c'est sûr, il n'a pas fait pleurer le ciel ? Je vais demander à Yazid. Parfois, j'espère que le messager, le gardien du disparu va me révéler un nouveau secret.

Elmore maniait la slide comme s'il faisait glisser des charbons ardents sur des cordes tendues à bloc. Malheureusement, son cœur le lâcha bien trop tôt, en 1963. Il appartenait à cette génération noble des grands guitaristes de Chicago, Otis Rush et Buddy Guy, à l'attaque agressive, très lyrique. Jimi a pris sa beauté de ces meilleurs modèles. Au paysage traditionnel, il ajoute un brasillement sonore, des éclats tranchants. La violence émotive déborde de chaque note. On dit toujours que sa formidable technique était un moyen et non une fin. Il ne perdait jamais l'essentiel, le fil de son récit. Combien de fois ai-je entendu des héritiers s'égarer en route, comme noyés dans leur labyrinthe sonore, à tel point que l'attention finissait assez vite par se dissiper ? Ils bavardent, tournent en rond, caquètent semblables à de vieilles femmes insupportables, alors que Jimi reste direct, pur. « La manière qu'il avait de jouer ses solos, a confié le guitariste de jazz rock Al Di Meola en 1982 à *Down Beat*, était complètement dans la tradition jazz, et beaucoup de musiciens de ce milieu s'en sont inspirés. Pas tous, bien entendu – beaucoup de tenants de la vieille école ne peuvent pas supporter Hendrix. Mais pour ce qui est de ma génération, presque tout le monde vous dira que c'était un modèle. »

J'ai lu une critique assez étrange dans le magazine *Creem*, signée Dave Marsh. Il n'aime pas « Red House » et se dit étranger au fan club de Jimi Hendrix. Le « guitarisme » du génie (c'est l'expression, assez jolie, qu'il utilise) le laisse froid. Il le préfère chanteur, jugement amusant si l'on se rappelle qu'au début de sa carrière, Jimi hésitait à donner de la voix, ne se jugeant pas à la hauteur. Puis, il avait vaincu sa peur et lâché ce formidable timbre de miel. Le chroniqueur apprécie le Hendrix de « All Along The Watchtower », de « Voodoo Child », de « I Don't Live Today » et de « Little Wing », la plus belle chose, selon lui, que Jimi ait composée. « On dirait, écrit-il, un bulldozer qui apprendrait à danser. C'est fou comme tant de puissance peut aussi recéler tant de grâce. »

Il n'a jamais dû apprécier vraiment le blues, alors que de mon côté, je remercie chaudement l'idole de Seattle de me l'avoir révélé. Yazid a eu la révélation, mais pour lui, la bonne parole l'installa définitivement dans la maison rouge, et il dépensa sans compter afin de s'acheter du mobilier, de la décoration, des objets, s'affirmant comme le guide, l'habitant éternel.

Il paya cher le droit de vivre au cœur de la ville Hendrix, perdit à l'Olympia près de 30 000 francs, mais le déficit s'effaça. Les lourdes portes du milieu musical s'étaient ouvertes, et son existence avait changé. Bien plus tard, il m'a montré les photos de son mausolée olympien, comme ces témoignages un peu passés des archives historiques, sépulcre vivant, immobile, dressé à la sauvage en plein cœur de Paris, et disparu aussi vite.

Il retourna au chômage, conscient que son succès l'aiderait à survivre. Il l'avait senti car le téléphone sonna, et n'arrêta plus de vibrer. Dès qu'une initiative concernait Hendrix, son nom revenait. La bonne étoile de son idole veillait sur son existence. Les écrivains, producteurs, éditeurs venaient presque solliciter sa permission, ses faveurs, pour accéder au jardin sacré. Il monta sa société, « Yazid présente », en souvenir de l'Olympia.

Pourquoi ne continuerait-il pas ? L'année suivante, il songea à un autre projet, consacré aux femmes, à ces « Electric Ladies » dont Jimi avait chanté, en 1968, le pays merveilleux.

Êtes-vous jamais allé au Pays de la Dame Électrique ?
Le tapis volant vous attend, alors ne soyez pas en retard
Je veux vous montrer différentes émotions
Je veux vous conduire à travers sons et mouvements
La Femme Électrique vous attend, et moi aussi
Alors il est temps de partir...

Alan Douglas se disait prêt à filmer la soirée, mais tenait à connaître les noms des artistes afin de négocier les droits. Yazid pensait – ou plutôt rêvait – à Marianne Faithfull (« Little Wing »), Patti Smith (« Hey Joe »), Chrissie Hynde des Pretenders (« Manic Depression »), Dee Dee Bridgewater donna son accord pour interpréter « Red House ».

Il essaya d'appeler son producteur, Joe, qui s'était cette fois définitivement installé à Mexico, et avait disparu. La police le recherchait. Rassembler les fonds, sans son soutien, lui parut une tâche insurmontable. Yazid ne bénéficiait plus de son carnet d'adresses, de ses entrées dans le royaume, et pourtant, il songea à engager un musicien emblématique, afin de convaincre les sponsors. Il adressa un courrier au batteur herculéen du Band of Gypsys, Buddy Miles, qui posa ses conditions : qu'on lui envoie un billet de Chicago à Paris, dix jours avant la date. Il réclamait un hôtel de haute qualité, avec un lit de grande taille, et priait Yazid d'assurer son confort pendant son séjour. Il demandait un cachet de 10 000 dollars. C'était trop cher. Et de toute façon, sa soirée « Electric Ladyland » n'aurait pas lieu. Yazid avait adressé des dizaines de demandes à des partenaires, mais aucune des entreprises sollicitées – EDF, Société Générale, La Poste, Pepsi Cola, Virgin, Crédit Lyonnais, ministère de la Culture, Nike, Mairie de Paris, SNCF, Fondation Électricité de France, Christian Dior, Ricard – ne donna son accord : il espérait que la Fondation Électricité de France accepterait en hommage à son technicien le plus mythique, mais elle avait réduit ses engagements. Il reçut une trentaine de refus, d'excuses, et dut renoncer faute de moyens. Il avait tenté de lancer son projet en pleine guerre du Golfe. Il a conservé le dossier qui ressemble aux illusions perdues. Les portes s'étaient refermées. Il servirait donc le maître d'une autre manière, plus poétique, transmettrait les courriers, renseignerait les journalistes, défendrait l'Évêché, témoin des plaisirs et des complots byzantins auxquels se livraient les clans du royaume.

Là-bas, au pays de la Dame Électrique, le pouvoir changea de main. Al et Janie récupérèrent leurs prérogatives, autorisés à gérer la société Experience Hendrix LLC. L'avocat chargé de l'affaire avait essayé de vendre les droits, à l'insu des héritiers, et une bataille judiciaire s'était engagée, jusqu'à la victoire de la famille. Alan Douglas fut dépossédé du pouvoir au grand bonheur des fans qui lui reprochaient des décisions contestables, comme la publication de *Crash Landing* et *Midnight Lightning*, où il avait ajouté des musiciens et supprimé les parties originales de la basse / batterie. Les héritiers s'associèrent à l'ingénieur du son Eddie Kramer et à l'archiviste John McDermott, et décidèrent de publier l'album utopique *First Rays of the New Rising Sun*, dont Jimi rêvait au moment de sa disparition. Le recueil contenait des classiques déjà écoutés, mais Janie jura que la sonorité atteignait une qualité rare, et que des chansons comme « Izabella » ou « Freedom » y trouveraient un écrin neuf. Elle comptait maintenir la musique de Jimi vivante, presque palpable, et s'apprêtait à sillonner le monde, à répandre la bonne parole. Elle reçut un appel de France. Une équipe de télévision demandait à la rencontrer afin d'évoquer *First Rays*, mais aussi *South Saturn Delta*, un disque étonnant constitué des chutes d'*Electric Ladyland*. Il nous permettait de plonger dans les tourments de la création, les manifestations incontrôlées des ego, sur la première version du chef-d'œuvre « All Along the Watchtower », séances gravées pendant le mois de janvier 1968, où Noel Redding claqua la porte du studio suite à une dispute avec Hendrix. Brian Jones avait été pressenti pour jouer du piano, mais trop saoul, ne donna rien de bon. Au bout de la vingtième prise, Jimi vira le fondateur des Rolling Stones. Nous savons que Bob Dylan, l'auteur de la chanson, a toujours préféré la version de Hendrix à la sienne. Le guitariste, admirateur passionné du baladin folk, n'aurait pu recevoir plus beau compliment.

Cette première demande qui tomba sur le bureau de Janie venait donc de ce marcheur de la nuit, du guide de la soirée olympienne. Yazid avait été embauché chez MCA, au début de l'année 1997, pour promouvoir les rééditions Hendrix. Il disposait d'un large bureau aux grandes fenêtres, proche du ciel. Les couloirs n'en finissaient pas, et la foule des salariés arpentait les étages, grimpait, descendait, bavassant sans discontinuer. Ce bruit de fond l'assourdissait. Il avait l'impression d'être emprisonné dans une cage de verre, ébloui par tant de lumière, de réunions, de civilités. Il n'avait pas l'habitude de parler à autant de monde, d'adresser de si nombreux sourires. Cette vie l'épuisait, et il n'attendait qu'une chose : retrouver ses face-à-face avec son mort adoré, toujours aussi joyeux et éclatant. Après plusieurs journées, il avait laissé en chemin un peu de son pouvoir et de son énergie. Seul le voyage le sauverait de l'ennui. C'est donc bardé d'un titre officiel qu'il se rendit aux États-Unis pour la première fois de sa vie. Il avait le cœur serré.

Il rencontra sa nouvelle « patronne », Janie. Une équipe de France 2 l'accompagnait. Il découvrit une femme impatiente et exigeante. Janie, dans ses habits de présidente, s'était maquillée outrageusement, avait enfilé sa plus splendide robe, heureuse du grand jour. Elle rencontra ce garçon noir aux yeux étincelants, presque insaisissable, comme un démon agité. Elle le trouvait beau mais l'air un peu fou. Il protégeait le territoire imaginaire de Jimi avec brio et passion. Son regard jetait des étincelles inquiétantes. Elle reconnut le fan, le religieux, et prit peur. Elle les invita au restaurant, et pendant le repas, Yazid ne s'adressa qu'au père, Al, exprimant envers le vieil homme toute sa sollicitude.

Il vivait désormais ailleurs, devenu le messager hendrixien, le passeur, un Père Noël encombrant pour une Janie en mal de reconnaissance. Depuis le premier jour, où elle l'avait rencontré, elle se heurtait sans cesse à son nom, tous les documents qu'elle recevait portaient le sigle de Yazid, dessinaient sa silhouette. Elle suivit sa dernière illumination et laissa éclater sa colère après avoir lu un courrier d'Angleterre. Comme toujours, le nom de « l'impudent » y figurait.

En 1967, les organisateurs du festival de Monterey, Lou Adler et John Phillips, au moment d'établir leur affiche, appelèrent Andrew Loog Oldham, le manager des Rolling Stones, et Paul McCartney. « Quelle est la tendance chez vous, à Londres ? » Ils ignoraient tout de la vie musicale en Angleterre. Le créateur des Beatles n'avait pas hésité : « Il y a Jimi Hendrix ! Un fantastique guitariste ! Prenez-le ! » Et Jimi reçut donc une invitation pour se rendre en Californie et rejoindre une affiche prestigieuse, aux côtés d'Otis Redding et de Janis Joplin. Il apparut, armé de sa belle Fender qu'il avait repeinte lui-même, et à la première note, éblouit le public dans tous les sens, alluma le brasier mystique autour de son instrument, construisant sa légende. Trente ans plus tard, en souvenir de cette offrande et de sa révélation, Fender édita une réplique de la guitare. La firme avait sorti peu d'exemplaires, à un prix très élevé. Certains instruments, en partie brûlés, furent même vendus avec le briquet Zippo. Yazid eut une idée : que le père Al offre l'une de ces Fender à Paul McCartney, dont la sagacité avait permis à Jimi de prendre son envol vers l'Éternité. La passation s'effectuerait sur une scène, quelque part en Europe, devant les objectifs. Yazid alerta le management de McCartney, avant de proposer l'initiative à Janie. Quelques jours plus tard, le fan français reçut une lettre au ton sec, signée Janie. Elle lui défendait d'agir au nom de Jimi Hendrix et de nouer des contacts avec les sociétés comme EMI ou Fender, ou n'importe quelle autre entreprise. Chaque fax et chaque demande envoyés à des correspondants devaient lui être adressés. Elle l'expulsait du jeu.

La direction d'Universal s'en inquiéta et convoqua le héraut du Mort. « Tu es fou ! On aurait dû lui demander, asséna le patron. Elle va nous flanquer un procès. » Il adressa un courriel d'excuses au bureau de l'Experience Hendrix LLC. Janie avait eu largement le temps de s'irriter de son activisme incontrôlable. Ce Français, omniprésent comme un diable, avait le don de se démultiplier et empiétait sur son pouvoir. « Yazid nous a dit que... », « Yazid fait ceci... », « Yazid fait cela... » L'ange noir avait pris de l'avance sur elle, tenant le royaume d'Electric Ladyland tel un vassal indiscipliné. Il n'ignorait pas qu'il avait tout intérêt à se concilier les bonnes grâces de la famille et profita d'un voyage à Londres de Janie pour la faire venir à Paris. La maison de disques s'efforça de l'accueillir « avec les honneurs dus à son rang », l'accompagna, elle et son père Al, jusqu'à l'hôtel Marriott, sur les Champs-Élysées, puis les emmena dans un restaurant de haut standing, L'Assiette, chez Lulu, où François Mitterrand avait ses habitudes. La patronne, ravie, appela son mari. « Viens ! Il y a le père de Hendrix qui est là ! » Et l'homme arriva, prit des photos, savourant un privilège rare. Encore une fois, l'attention se porta sur Al, le père du

Génie. Et Janie, en retrait, attendait. Le lendemain, une journée bien remplie s'offrait à eux. Yazid accueillit les médias. Il se sentait embarrassé parce qu'il demandait aux journalistes de s'occuper de Janie, mais les reporters ne l'écoutaient pas, persuadés que la demi-sœur n'avait pas grand-chose à raconter. Dissimulée derrière un sourire de façade, elle se renferma, agacée, condamnée à attendre. De rares souvenirs et l'ombre fugitive du grand frère célèbre s'attachaient à ses pas sans la rattraper. Jimi, revenu à Seattle entre 1968 et 1970, n'y joua que quatre fois. Il connut Janie et fit quelques promenades avec elle avant de disparaître à nouveau. Elle ne conservait que ces rares images, ses jeux de Batman avec le grand frère, elle avait égrené ses anecdotes un peu partout, et tout le monde les connaissait par cœur. Elle ne disait donc plus rien, réduite à assister aux numéros des uns et des autres sans intervenir. Elle observait le jeune Français défenseur du territoire en France, le gardien, le fan ultime, dangereux, partagée entre énervement et reconnaissance, elle se rendait bien compte qu'il se dépensait pour célébrer Jimi.

Yazid fit venir les meilleurs journalistes de télévision et de presse écrite, et emmena la famille sur le plateau de Canal +. Mais l'éclat médiatique ne parut pas dérider l'héritière. « Tu aurais dû lui mettre la main aux fesses ou coucher avec elle », hasarda un ami. Peut-être cela n'aurait-il pas suffi à détruire cette impression de froideur qu'il ressentait avec elle. Il n'osa pas lui demander les raisons de son attitude hostile. Sans doute l'effrayait-il ! Yazid s'interrogeait. Était-elle jalouse de son lien avec Hendrix, cimenté par une couleur commune (alors que Janie était blanche, née d'une autre femme, sans lien de sang avec Jimi) ? De toute façon, il n'aurait jamais pu concevoir de passion à son endroit et ne ressentait aucune attirance amicale envers elle.

Elle et son père quittèrent Paris pour Londres, afin d'assister, comme prévu, à la pose de la « Blue Plaque », sur la façade de la maison que Jimi avait habitée dans le quartier de Mayfair, au 23 Brook Street, quelques mois pendant l'année 1968. Jimi n'y séjourna pas souvent, laissant Kathy Etchingham et son amie Angie Burdon disposer de l'appartement. Désireuse de célébrer ses propres souvenirs de jeunesse, la «fiancée officielle » avait réussi à convaincre la mairie d'apposer ce médaillon, et elle avait organisé la cérémonie. Janie avait traversé la Manche pour engager un autre conflit. Yazid, présent lui aussi, presque clandestinement, le savait. « Il y a des guerres partout sur le front Hendrix », songeait-il, rêvant d'assouvir sa passion en pleine liberté, loin de ces batailles financières. Mais Hendrix, qui chantait « Stone Free », était gardé prisonnier dans sa tour. Janie et Kathy, brouillées, ne s'adressaient plus la parole depuis bien des années, et chacune défendait son territoire jusqu'à exclure l'autre. Le périmètre devant la « maison hantée » demeurait encore la chasse gardée de l'amoureuse historique. Lors de l'inauguration, elle maintint à l'écart la famille, et parvint à la repousser de l'autre côté de la rue, derrière les barrières, au milieu des badauds.

Pete Townshend, le guitariste des Who, tira le cordon et fit glisser le rideau bleu devant le médaillon. « Il fallait un guitariste pour ce travail, et il y a peu de guitaristes capables de parler comme je peux le faire, déclara-t-il. Jimi était quelqu'un de très spécial, et ses enregistrements montrent une petite partie seulement de ce qu'il était capable de faire, musicien pop et blues. Je suis fier d'être là. » Devant lui, Robert Wyatt fumait un petit cigare. Noel Redding, ému, écoutait, des larmes aux yeux, à côté de Donovan. Townshend avait jadis aperçu une ou deux fois Jimi : « Il traînait à New York. Vous le trouviez au Village, déambulant. En fait, je crois qu'il cherchait seulement à vivre. »

Yazid me montra des photos de Janie et de Al, appuyés contre le cordon, observant en retrait l'hommage rendu à leur frère et fils, comme s'il ne leur appartenait plus, tandis que Kathy Etchingham et les officiels, flanqués de petits bracelets, formaient le cercle des invités prestigieux. L'ex-fiancée et Pete Townshend apparurent même à la fenêtre de l'appartement, au-dessus du médaillon, saluèrent la foule, sous l'œil haineux de Janie. « C'était absurde ! », me dit le gardien de la mémoire, témoin invisible au don d'ubiquité.

Yazid préférait penser à l'événement, à la glorification de son héros. Hendrix avait été souvent pionnier, et il était la première rock star à se voir décorer d'une plaque, sur la même maison que Haendel, après avoir répondu aux critères qu'un tel honneur exigeait : le musicien était mort depuis assez longtemps et avait exercé une grande influence culturelle sur ses contemporains. Son aura échappait à la famille.

Yazid quitta son dôme de verre chez Universal. Il continuerait de façon plus clandestine, heureux de retrouver la nuit et ses longues marches à travers Paris, en compagnie de son doux fantôme, ce beau et éternel jeune homme de vingt-sept ans. Souvent, il se demandait comment il aurait agi si Jimi Hendrix avait été vivant. Yazid le messager n'aurait pas existé car sa mission n'avait d'intérêt que par le splendide éphémère de la trajectoire. Il ne tenait pas à imaginer un autre destin, une autre histoire. Quelques icônes vieillissaient. Yazid les voyait dans un bar, barbues, avec des enfants capricieux, égrenant leurs souvenirs, entre deux verres de bourbon, l'air fatigué. « Je ne veux pas de ça ! », répétait-il, conscient qu'un bon héros est un héros mort, qu'une icône ne peut se promener dans le monde des humains. Il se rappelait le jour où un producteur l'appela. Peux-tu faire la promotion du concert de Peter Green ? Il accepta, enthousiaste. Depuis qu'il avait accédé au jeu, il avait refusé de nombreuses propositions lucratives parce que les artistes ne lui plaisaient guère. Il ne vendrait jamais son âme, se moquait bien de gagner plus d'argent, et surtout se félicitait d'accueillir un mythe des années 1960, moins célèbre que Jimi, mais dont les notes, pendant le « blues boom », avec John Mayall et Alexis Korner, avaient illustré l'âge d'or anglais.

Il y convia un autre guitariste, français et fan, Paul Personne, qui prit le chemin de la sortie au bout de dix minutes. Yazid l'interpella :

– Tu t'en vas, Paul ? Mais c'est Peter Green, le créateur de Fleetwood Mac.

Son ami posa sur lui un regard dépité :

– Imagine que Jimi joue « Little Wing » sur scène et, au moment du solo, c'est un autre qui le joue à sa place. Ce n'est pas possible.

Yazid observa le pathétique Green, tremblant, le crâne dégarni, ombre du grand guitariste qu'il fut, et dont la presse s'était abondamment moqué. Il avait essayé d'attirer le public, de toucher ceux qui avaient aimé son superbe album de blues enregistré à Chicago en 1969 (*Fleetwood Mac in Chicago*). Il faisait froid, ce jour-là, et la salle, dans le Parc de la Villette, était déserte, privée de jeunesse, juste occupée par des passants de hasard ou de féroces nostalgiques. Invité, j'avais apprécié la soirée, faisant partie des admirateurs de Green. J'étais peut-être moi-même atteint par la *névrose du fan,* le démon aveuglant que je m'efforçais de repousser, refus de voir la déchéance dont je n'ignorais pas la cruelle réalité.

Yazid voulait être du présent, mais l'icône le renvoyait toujours au passé, jusqu'à en être le prisonnier comblé. Le mythe de la mort le condamnait à revenir à son propre Christ. « Ce n'est pas moi qui l'ai inventé, le fait est que quand tu es mort, tu deviens une légende. Ce n'est pas moi qui l'ai inventé », s'excusait-il presque.

Je ne parlais avec lui que dans ces occasions. Je l'ai parfois perdu de vue, mais j'avais des nouvelles régulières car il continuait à envoyer des messages de la maison des Morts. Il était celui qui apportait les informations, parfois mauvaises, sur la famille. Il tenait le carnet des naissances et des décès.

Aux mondes d'Electric Ladyland,
jeudi 18 avril 2002

Dear all,

Au moment où nous nous apprêtons a fêter, COMME IL SE DOIT (...), l'anniversaire des soixante ans du plus grand guitariste rock de tous les temps (27 novembre 2002), j'ai le triste privilège de vous annoncer le disparition, hier dans son sommeil, du papa de Jimi, JAMES ALLEN HENDRIX, qui aurait eu quatre-vingt-trois ans le 10 juin prochain.

Y

Le père avait rendu les armes à quatre-vingt-deux ans, pendant son sommeil. La dernière fois que Yazid avait aperçu le vieil homme, c'était en 2000, lors de l'inauguration du musée Experience Music Project, de Paul Allen, le cofondateur de Microsoft et « le fan le plus riche au monde ». Janie le poussait dans sa chaise roulante. Quand elle vit le garçon, elle montra du doigt son T-shirt de Hendrix, et s'esclaffa : « C'est une contrefaçon ! » Yazid ne répondit pas et s'éloigna. Il ne lui a plus parlé depuis.

Al fut enterré au cimetière Greenwood, comme Jimi. Yazid organisa sa propre cérémonie, à Paris, en mémoire du père. Il alluma un cierge dans sa tour, sur son bureau, et se recueillit avant que son ordinateur n'éclate à nouveau de lumière. La vie et la mémoire semblaient plus fortes que tout. L'œil et le paysage hendrixien ne cessaient de respirer, de se tenir en éveil jour et nuit.

La machine continuait de tourner, au rythme des courriers qu'il faisait pleuvoir sur ma boîte mail.

Aux habitants d'Electric Ladyland

Rainbow Bridge
vendredi 22 novembre 2002

Hi,

Je vous rappelle la projo des vingt minutes du concert d'Hawaï chez Universal, lundi 25 à 13 heures.

See you maybe
Y

Les journalistes se déplaçaient et retrouvaient Yazid, en plein jour. Le garçon, vêtu de noir, comme s'il portait la nuit avec lui, accueillait les chroniqueurs, déroulait le rideau, comme un présentateur de Walt Disney, puis disparaissait. Grâce à lui, je me rappelle le disque *Rainbow Bridge* qui contient ce formidable et épique « Room Full of Mirrors ». Hendrix nous conviait encore une fois à visiter des lieux de contes de fées. Après l'étrange maison rouge, il nous emmenait dans une pièce pleine de miroirs, la galerie des Glaces à Versailles. Ou ailleurs. La sonorité y est nuageuse, lyrique, nimbée de brume. Elle scintille. Je découvris des titres enregistrés ici ou là, en 1969, avec le bassiste noir Billy Cox et le batteur Mitch Mitchell, mais jamais retenus pour un album précis. « L'œuvre, a écrit le journaliste du magazine *Creem*, est bien meilleure qu'*Axis : Bold As Love*. » Le mort, enfermé dans son univers de réverbérations, son étrange salle du paradis, faisait donc mieux que le vivant, réservant bien des surprises : les Ronettes, le groupe de Ronnie Spector, donnent de la voix sur « Earth Blues », tandis que les miroirs, disposés harmonieusement, débordent d'éclats. Mike Jeffery avait eu l'idée de produire un film psychédélique assez cintré, un écrin pour loger la musique de Jimi. Et il avait emmené son petit monde à Hawaï, où le guitariste méditait déjà l'emplacement de son futur studio. Le 30 juillet 1970, le groupe joua au pied d'un cratère volcanique, sur les traces brûlées du soleil. C'était en pleine montagne. Le vent soufflait, les micros penchaient, tenus par des valises, le ciel était renversé et la musique fusait dans ce paysage accidenté, puant le soufre.

Yazid aimait se lover dans cet univers magique, mais les retombées sur terre le meurtrissaient. Il apprit que le frère de Jimi, Leon, poursuivait Janie pour essayer de récupérer des droits et, comme son activité de messager l'exigeait, il dut relayer l'information. Le cadet de la famille voyait que sa demi-sœur vivait bien, profitait des largesses de la société, dépensant près de deux millions en voyages, en bénéfices personnels. Et il ne touchait rien. « Elle a influencé Al pour me pousser à l'écart et s'installer à la tête des sociétés », déclara-t-il. Lancé dans un procès coûteux, il s'assura l'appui financier du milliardaire Craig Dieffenbach. L'avocat de Janie réaffirma qu'Al n'avait jamais voulu l'entrée de Leon dans les affaires, lui reprochant ses excès de drogue et de caractère. Ces arguments furent entendus et Leon subit face à Janie un véritable Waterloo. Il passa de 24% à zéro, perdit tout pouvoir. Janie continua à défendre le royaume, contre son demi-frère et sa société Electric Hendrix. Elle l'exécra pour avoir vendu l'image de Jimi à une entreprise de vodka, profanant l'interdiction qui lui avait été faite d'exploiter le corps de Hendrix.

Les vautours commençaient à attaquer les os.

Aux habitants d'Electric Ladyland

«À la fin des années 1960, Jimi s'est rendu plusieurs fois au Maroc.»

— Faux! Jimi n'a visité ce pays qu'une seule fois, en juillet 1969.

«Jimi a accompli le voyage dans un petit avion privé.»

— Faux! Il a pris une ligne régulière, de Paris à Casablanca, avec deux amis.

«Jimi a parcouru le Maroc dans un van. Et il dormait dans son véhicule ou sous une tente.»

— Faux! Jimi a séjourné dans plusieurs hôtels haut de gamme et dans trois villes différentes. En arrivant à Casablanca avec 2 100 dollars en poche, il a loué une limousine avec chauffeur. À Essaouira, il a réservé une chambre au Des îles Hotel.

«Jimi a écrit "Castles Made of Sand" après avoir visité les ruines d'un vieux fort (connu pour être le Bordj El Berod), à moitié enseveli par le sable, près de la plage d'Essaouira.»

Faux! Jimi avait déjà enregistré cette chanson en 1967 (que l'on trouve sur le disque *Axis: Bold As Love*).

« Jimi a mangé dans le restaurant du port, chez Sam.»

Faux! Tant pis pour Sam. Ce restaurant n'existait pas en 1969.

«Jimi a fait le bœuf avec de nombreux musiciens locaux. Et nous possédons une cassette de ce qu'il a enregistré au Maroc.»

Faux! Il n'a même pas pris une guitare avec lui.

Il était en vacances et non en tournée.

«Jimi voulait adopter un petit Marocain et le ramener aux États-Unis.»

Faux!

«Jimi souhaitait acheter l'île de Mogador, sur la côte de Mogador, mais le gouvernement a mis fin à la vente.»

Faux!

«Timothy Leary, le pape du LSD, se trouvait au Maroc à la même période.»

Faux! Il ne se trouvait pas au Maroc pendant que Jimi y était.

Jimi s'est occupé de nombreux enfants marocains.

Faux! À la place, il a noué une romance avec une jeune femme du nom de Colette Mimram.

«Jimi a tenu un journal de voyage.»

Faux!

«Jimi Hendrix n'a pas aimé le Maroc, à cause de la chaleur.»

Faux! Il a adoré le Maroc.

(Univibes.com)

Stay Tuned,

Y

DE LA TOUR DE GARDE
AU VILLAGE DE FEU

J'ai grandi avec l'image du Noir ébouriffé au visage luisant de folie et de peintures, gavé d'acid, dans *Apocalypse Now*, en 1979. Un bandeau dans sa chevelure afro, le corps ceint de cartouchières, le flingue à la main. Ce pur personnage hendrixien déborde de rage et de colère, soulevé par un vent de brume pourpre. Je le revois chevauchant sur le fleuve Rouge, comme un démon. Les personnages d'un autre film, *Warriors*, de Walter Hill, paraissent aussi inspirés par la figure du grand guitariste. Les Noirs du gang empruntent à son imaginaire délirant, bandanas, colliers, allure sexy et rock. Le Noir, au XXe siècle, a connu trois images. La première nous montre l'esclave blues courbé sur le champ de coton, brimé par ses maîtres, une autre, le rappeur à la casquette retournée et aux pantalons flottants. Le Noir hendrixien s'est glissé ente les deux, héros poétique, érotique, aussi éloigné du gémissement que de l'imprécation sans charme.

Comme Yazid et Monika Dannemann, je vis depuis mes premières années au milieu des tableaux. Sur le mur de mon appartement, trônent deux œuvres signées des meilleurs dessinateurs. Moebius avait décoré les deux albums *Are You Experienced* et *Axis : Bold as Love*. Sous son vrai nom, Gir avait séduit des générations d'enfants grâce à son héros récurrent de western, Blueberry, une figure de l'art hendrixien, plongée dans les roches ocres, une nature sauvage, les eaux crûment bleues et un ciel brûlant. Blueberry, renégat, soldat dévoyé, chasse un Allemand assassin dans une mine d'or, tente de découvrir un cimetière perdu aux confins du Mexique. Gir peint un Ouest de folie, sexy. Jimi ne pouvait donc qu'attirer le pinceau du maître. « Quand j'ai reçu cette proposition de Barclay, Jimi venait de mourir et nous étions encore tout vibrants de ce qu'il avait apporté. J'ai eu à cœur de me mettre à un niveau d'inspiration comparable au sien, c'est-à-dire un délire et en même temps un très bon contrôle. Il met en place une structure musicale rigoureuse qu'est le blues, avec des compositions très bien cadrées, mais travaille dans un sens d'expressivité totale. Au niveau émotionnel, la force est à son apogée. » Le dessinateur a extirpé de sa manche ses deux styles comme si Hendrix, finalement, synthétisait toute son œuvre : réaliste blues (côté Blueberry) et onirique délire (côté Moebius). « J'ai tracé le personnage de Hendrix à mi-chemin du fantastique onirique, mais un fantastique qui ne fait pas appel au vocabulaire traditionnel du surréalisme comme l'entend un Dali. J'ai voulu renouveler le surréalisme comme Hendrix a renouvelé le langage musical. Pour le dessin, je me suis accroché à l'énergie du musicien. J'y vois là une sorte de manifeste. » Présent dans le sillage du grand guitariste, le journaliste pionnier Jean-Noël Coghe nous rappelait son équipée merveilleuse à travers une Belgique obscurcie de fumée d'usines. Il a toujours mis en avant l'aspect charnel, populaire, éloigné des extases hendrixiennes qu'il a ressenties de matière physique, brute. Il quittera même *Rock & Folk* plus tard, mécontent de l'orientation intellectuelle de la revue. Il n'est pas du même sang que Yazid, l'infatigable coureur des nuits de Paris. L'un a rencontré Jimi Hendrix en chair, l'autre le voit dans ses rêves. Mais les deux parlent et, exaltés, font revivre l'idole pendant les interminables fins de soirée. Ils voient partout les déclinaisons du génie, cloné sur les murs et dans la légende, obsédant notre conscience.

Moebius a réussi à éviter le psychédélisme qui charge toujours le personnage hendrixien. Là où les autres dessinateurs engagés (Druillet, Solé...) sacrifient à une esthétique psyché, il prend une autre voie, choisit une photo comme modèle et la recopie à sa manière, montrant un Jimi mangeant sa soupe au milieu des fumées hallucinogènes, d'un environnement étrange, « boschien, dit-il, sans vouloir me comparer à Jérôme Bosch, une vision du quotidien, des objets d'où sort un mystère non identifiable ».

Ce tableau a été fait d'après une photo de Jimi prise en Belgique par Coghe. Le journaliste attaqua en justice le dessinateur et, plus tard, les deux hommes se réconcilièrent jusqu'à publier un livre ensemble[1], où ils racontaient leur histoire. Yazid s'occupa de leur promotion, comme un lien brillant entre le faussaire génial et l'ouvrier de la plume. Il ne m'a jamais dit ce qu'il pensait des œuvres et des images artistiques de Moebius, mais il intervenait sur la ligne

1. Jean-Noël Coghe et Moebius, *Jimi Hendrix, émotions électriques*, Le Castor Astral, 1999.

flottante du vrai et du faux. De toute façon, les deux auteurs, malgré leur démarche poétique, donnaient une réalité précise de l'Idole. Le gardien du dogme hendrixien pouvait apposer son sceau. Il ne se préoccupe que de la vérité, démolit avec rigueur les informations irrationnelles au sujet de son idole. Il ne change pas de la ligne que Jimi a lui-même édictée dans « Gimme Some Truth » :

« Tout ce que je veux est la vérité maintenant / Donnez-moi seulement un peu de vérité maintenant »

Posté à la porte de son royaume, il a repoussé les attaques, démoli les rumeurs, la magie noire qui ne manquaient pas d'entourer et d'affaiblir son idole. Il a cherché la vérité, tout en naviguant dans son rêve.

Yazid s'acharna à démanteler une autre illusion, un inédit déterré au fond du jardin ou tiré d'une aiguille creuse, comme aurait dit Arsène Lupin. En prenant possession d'un studio, à Londres, en 1994, le Crouch Hill, Dave Chapman découvre une série d'enregistrements datant des années 1960 et 1970. Comme un châtelain qui trouve, par la porte secrète de son manoir hanté, le trésor des Templiers. Il fouille, repère une vieille bande, l'écoute, et, malgré le son saturé, reconnaît une version de l'hymne gallois et breton, « Hen Wlad Fy Nhadau » (Terre de mes Pères). L'air, adopté au XIXe siècle, identifiait l'origine celtique des deux nations. Alan Stivell en a donné une interprétation fameuse. Chapman croit reconnaître la touche de Hendrix, une flambée électrique surréaliste, sans parvenir à rassembler tout de suite les preuves, mais il repère une date griffonnée sur la boîte, le 10 septembre 1970. Il enquête et confirme bien que Jimi, huit jours avant sa mort, se trouvait à Londres. Un nom étrange figure aussi au dos de l'objet, New Flames. Quel peut donc bien être le lien ? Chapman ne met pas longtemps à l'établir. Ce groupe New Flames comptait en son sein un bassiste, Vivian Williams, qui avait paraît-il passé une audition pour intégrer le grand groupe noir de Jimi, le Band of Gypsys. Les deux hommes s'étaient liés et se rendaient au pub, juste à côté des studios Couch, où ils buvaient force bières jusqu'à l'aube. Comment ne pas imaginer leurs conversations ?

– Tu veux jouer dans mon groupe ? demandait Jimi.

– Oh, oui ! Tu veux que je te montre là-haut ce que je peux faire ?

Et ils auraient joué ensemble, bien saouls, sur un bout de bande des New Flames, le groupe du jeune Williams. Jimi nous donne encore une histoire alléchante à laquelle la Bretagne est sensible. Mais personne ne peut y apporter un véritable crédit. David Chapman est décédé, et Vivian a disparu sans laisser d'adresse, après avoir déposé la boîte chez un ami gallois, Martin Davies.

Comme toujours, nous pensions interroger le gardien du rêve, mais aussi le juge de paix. La réponse n'a pas tardé :

Aux habitants d'Electric Ladyland
Hey,

Beaucoup le savent, je suis plutôt du genre tenace en ce qui concerne Jimi Hendrix. J'ai donc cherché à en savoir plus sur cette histoire d'hymne gallois débarquée sur le web au tout début de l'année et reprise instantanément par un nombre incalculable de sites. En France, la dépêche du bureau londonien de l'AFP a joué son rôle effet boule de neige: sujets dans *Libération*, *Le Parisien*, TF1.fr... France Inter est revenu trois fois sur le sujet, dont une séquence qui a duré plus de huit minutes.

Je suis ravi dès qu'on parle de mon héros, mais je me dois de réagir quand il y a erreur, voire magouille...

Je ne reviendrai pas sur le fait que le guitariste n'a RIEN à voir avec cette supposée cassette du 10 septembre 1970. Ce qui m'intriguait réellement, c'était le but de tout ceci.

J'ai pu contacter ce Martin Davies qui gère le site d'où on pouvait écouter l'hymne et qui a tout manigancé. Je lui ai donné mon sentiment sur le morceau et lui ai proposé qu'il corrige son texte original car, dès le départ, son histoire elle-même ne tenait pas la route (avec les principaux protagonistes tous décédés) mais seuls les fans pouvaient déceler certaines failles: comment le «most wanted» Viv Williams aurait-il pu auditionner pour le Band of Gypsys (groupe dissous le 28 janvier 1970 suite à un concert chaotique au Madison Square Garden)? Comment ce bassiste aurait-il pu être recalé du fait de sa voix???!!! Et son groupe les New Flames: étrange coïncidence avec le nom de la première formation de Jimi: Jimmy James & The Blue Flames (sans parler de celle d'où Mitch Mitchell s'était fait jeter; Georgie Fame & The Blue Flames).

Davies annonce plusieurs dizaines de milliers de visiteurs et m'avait même confié le 10 janvier que la France arrivait en tête des visites avec 13,1%!). J'ai trouvé son myspace:le monsieur est extrêmement fier de son sang gallois. Dans ses mails, il me salue et me dit au revoir en gallois...

Très récemment, Martin Davies vient de modifier sa page internet: on ne peut plus écouter l'hymne bidon, mais il propose une copie MP3 aux cinquante (?) premiers acheteurs de ses T-shirts et autres produits qu'il vend sur son site... Il affirme même vouloir détruire l'original ensuite! Davies voue également une très grande admiration à un obscur guitariste gallois disparu en 2005 (qui jouait aussi l'hymne national). Il sollicite donc tous ceux qui le souhaitent à faire un don à la fondation de ce guitariste et à acheter sa version du «Hen Wlad Fy Nhadau» (Land of My Fathers) sur iTunes, qu'un label gallois vient juste de rééditer...

Bref, que ce soit dans nos échanges ou dans son nouveau texte, il n'est absolument plus question de ce Viv Williams pour authentifier quoi que ce soit... (a-t-il même jamais existé?). Internautes du monde entier, ne le cherchez plus!!!

On peut vendre ce qu'on veut avec Jimi, mais pas n'importe comment.

Fin d'une fausse histoire abracadabrantesque.

Stay tuned
Y

Yazid nie l'existence de ce Vivian Williams, personnage peut-être chimérique, fruit de l'imagination délirante. Comment était-il ? Un géant noir, un Britannique bon teint, pâle ? La seconde vie de Jimi se déroule avec son cortège de héros inventés et romanesques.

Dans son courriel, Yazid a rappelé la fin turbulente du Band of Gypsys, le groupe composé de musiciens noirs dont le moment de gloire fut ces quatre concerts enregistrés la nuit de la Saint-Sylvestre 1970 au Fillmore East de New York. Jimi s'orientait vers une musique plus funky, plus noire. Il avait monté ce nouveau trio pour fuir les attaques judiciaires d'Ed Chalpin. Mais il l'avait oublié et devait solder son passé d'artiste lunaire alors anonyme, qui paraphait des feuilles sans songer le moins du monde à l'avenir.

Il voulait jouer, revendiquait sa liberté, loin de cette pression, porté par la basse chaude et épaisse de Cox, et la canonnière de Buddy Miles. Je n'ai pas oublié la longue épopée « Machine Gun », ni les roulements de batterie qui mimaient les déflagrations des mitrailleuses. J'adorais aussi « Who Knows ». Chaque fois, nous nous embarquions dans de longues traversées intemporelles et mythologiques. Miles revenait d'une expérience assez agitée, avec le combo Electric Flag et un autre grand guitariste, Mike Bloomfield. La drogue avait bien miné l'esprit d'une formation dont Buddy resterait le héros malheureux et tourmenté. « Quand la musique tourne bien, dira l'un des membres de ce groupe, Nick Gravenites, c'est agréable de bosser avec ce bon type. » Mais l'harmonie ne fut pas souvent au rendez-vous. Des disputes éclatèrent entre Bloomfield et Miles, sur l'orientation musicale. Le batteur s'était même attribué un âge fantaisiste (il n'avait que dix-sept ans et non vingt-deux) au moment de signer son premier contrat important, désormais nul et non avenu. La belle aventure s'était terminée dans la confusion. Mais Buddy avait entretemps croisé Jimi sur la scène du festival de Monterey où l'Electric Flag se produisait. Il partagea l'univers de Hendrix dès 1968, et participa au chef-d'œuvre *Electric Ladyland*.

Bien des années plus tard, m'a écrit Yazid, Miles a poursuivi les héritiers de Hendrix et les labels, réclamant des millions de dollars. Sa collaboration avec le guitariste ne lui a rien rapporté. Comme l'Electric Flag, le Band of Gypsys, fondé en 1969, fut une étoile filante. Jimi et Buddy avaient passé un accord pour partager les fruits des chansons. Peut-être les deux hommes se jurèrent-ils une amitié indéfectible sans se douter que leurs chemins se sépareraient brutalement ? Buddy quitta le groupe à la suite de ce fameux concert dramatique au Madison Square Garden, le 28 janvier 1970. Le manager Mike Jeffery aurait donné du mauvais LSD au guitariste, jusqu'à le mettre à la dérive et le rendre incapable de toucher le ciel. L'histoire finissait en eau de boudin, comme toujours. Miles prétendait qu'il avait coécrit près de quarante chansons de Hendrix, dont « Rainy Day », « Dream Away », « Voodoo Child », et bien sûr « Machine Gun ». La plainte visait les organigrammes, le parcours codé et muré de l'héritage hendrixien, dont les noms demeurent un antidote au rêve : Experience Hendrix LLC, Authentic Hendrix LLC, Dagger Records, Vivendi Universal's MCA Records et Universal Music et Video Distribution, EMI Group Limited, Capitol Records and EMI Records, et Time Warner

Inc's Warner Bros Records.

Dans cette armada glacée, Vivian représentait un certain rêve. Le personnage imaginaire échappait aux chaînes, à toute prison financière et juridique. Il était libre. Comme Jimi avait toujours voulu l'être.

Yazid avait envoyé de longs courriers. Il avait beaucoup écrit, sur le Maroc, le personnage chimérique, le Band of Gypsys... Il s'étira, bâilla, puis, une idée lui vint : « Ah ! oui... ma rencontre avec Clapton... » Il commença à frapper les touches de son clavier. Il avait réussi à pénétrer dans les coulisses de Bercy, muni de son sésame, Hendrix, et de plusieurs photos rares : Jimi et Clapton, assis au Speakeasy, vêtus de leurs tuniques princières, penchés l'un vers l'autre, discutaient. Le survivant ignorait leur existence, mais Yazid les avait récupérées, espérant que l'ancien bretteur des années 1960 en tomberait à la renverse. Le manager Riley lui avait permis d'accéder à celui qu'on avait appelé « God ». Le garçon traversa la loge, balançant son sac en bandoulière. Il pensait surtout à sa mère. L'idée qu'elle puisse le voir au côté de Clapton le ravissait. Bien sûr, il avait dû lui expliquer autrefois l'importance de cet interprète dans l'histoire du rock, au sein de Derek and The Dominos, jusqu'à sa version de « I Shot the Sherif ». Maintenant, elle n'ignorait rien de la valeur des artistes qu'il fréquentait, même si elle le remerciait surtout de lui avoir présenté Johnny Hallyday. Yazid s'approcha doucement. Comme attiré, le prince Eric se leva, l'air fatigué, encore imbibé de la sueur du concert. Mais le jeune garçon fut trop lent à sortir les photos et ne remarqua pas les gestes d'impatience du musicien. Il n'a jamais su quels sentiments la star impavide conçut à cet instant. De l'émotion ? De la nostalgie ? « Elles ont été prises au Speakeasy, début 1967, par un Corse qui a posé les fondements de la photo rock en France, Dominique Petrolacci. Il s'est suicidé dans cette boîte, le Rock And Roll Circus. Vous ne les connaissez pas ? », demanda le jeune homme. Le guitariste fit non de la tête, regarda les images, jetant des coups d'œil vers sa jeune petite amie enceinte, âgée de vingt-cinq ans, Melia McEnery. Puis, après la dernière photo, il le remercia et retourna s'asseoir en saluant avec son verre. Six ans plus tard, Yazid traînait près des loges de Clapton. Il rendait visite au bluesman Robert Cray, programmé en première partie. Mais une voix l'interpella : « Hey, Yazid, qu'est-ce que tu fais-là ? » C'était un vieil ami, le producteur français Assaad, dont l'expression, souvent amicale, était devenue hostile. Il était nerveux.

– Il faut que tu partes d'ici. Tu ne peux pas rester !

– Pourquoi ?

– Discute pas ! Le manager de Clapton t'a vu traîner et il a donné des consignes pour que tu ne t'approches pas de lui.

Il se retrouva dehors, parmi la foule, sans comprendre les raisons de sa disgrâce. Il avait sa petite idée. Clapton avait certainement été indisposé, le jugeant lourd et harceleur, jusqu'à décider de fermer la porte à l'intrus malgré son sésame, peut-être d'ailleurs à cause de lui. Avait-il laissé remonter une vieille jalousie envers une légende plus célèbre que lui, poussé plus de trente ans après à rejeter le messager de Jimi ? Yazid n'oublierait jamais la brutalité avec laquelle il avait été précipité hors du jeu, comme un condamné du haut de la roche Tarpéienne.

Il eut plus de bonheur à rencontrer B.B. King, à New York, en janvier 1998. Cette fois, il apportait au musicien une cassette qui contenait la fameuse jam session au Generation Club de New York, en avril 1968, entre Jimi et le roi du blues. Personne ne savait jamais où Yazid se procurait ces documents, comment ils tombaient entre ses mains, et lui-même se gardait de révéler les détails, s'abritant derrière un vague sourire. Le vieux survivant du Mississippi s'amusa de la séance, ému de tenir enfin cette historique partie musicale que Jimi avait promis de lui donner. Il vit dans le garçon noir un passager du temps. Une photo immortalisa leur rencontre. « Quand vous verrez Jimi dans trente ans, vous lui demanderez où est ma cassette. Et Jimi répondra : "Yazid te l'a donnée" », répéta le messager. B.B. éclata de rire.

Yazid appuya sur la touche « Envoi », et la dernière image partit... Puis, il releva le nez de son ordinateur, s'étira. Le jour se levait. Il n'avait pas vu la nuit passer. Un soleil rougeoyant nimbait les toits de la ville. Il se réveillait de ses récits, presque surpris de retrouver la réalité un peu triste de la banlieue. Il s'approcha de la fenêtre et observa la cour de son école, en bas. Les enfants rentraient, sans un bruit, surveillés par les professeurs. Yazid se demanda si l'un d'eux avait une passion qui l'élèverait. Il entendait les prières de sa mère derrière la fine cloison.

La journée s'annonçait belle. Il aperçut le plateau de son petit déjeuner. Djima avait cuisiné des beignets dont l'odeur le titillait. Il mit en sourdine « Castles Made of Sand », s'assit et mangea, tout en fixant le téléphone, silencieux. Personne ne l'avait encore appelé ce matin, et il sentait des fourmis envahir ses jambes, ses mains s'enduire de moiteur. L'inaction lui pesait. Et si on l'oubliait ? Il n'avait pas eu de nouvelles de la maison Hendrix depuis plusieurs heures, et cette vacuité, sans doute provisoire, l'angoissait, tant il avait l'impression de devenir inutile.

Une sonnerie retentit. Il bondit sur l'appareil et le décrocha, persuadé qu'un journaliste l'appelait. Mais il entendit une voix lointaine. Un producteur lui proposait de promouvoir le concert, à Paris, du Jefferson Airplane, le grand groupe psychédélique des années 1960, l'enchanteur de la splendide ville de San Francisco. Il laissa son verre de lait, bondit sur sa machine et alerta la planète entière. Le Jefferson n'était plus qu'un aéroplane fantôme qui avait perdu son pilote et volait sans ligne, dans le brouillard. Nous nous sommes retrouvés à cinq journalistes au milieu d'une salle vide, heureux malgré tout de remonter le temps. Je ne me souviens pas du visage des survivants. Je n'ai pas aperçu la chanteuse historique, Grace Slick. Peut-être valait-il mieux ne pas la rencontrer. Je l'avais vue quelques années plus tôt, sur une chaîne américaine. La magnifique princesse révolutionnaire aux amples cheveux bouclés, à l'air sexy et juvénile, qui chantait « Hey Frederick », s'était métamorphosée en dame sans âge ni forme, un peu rondelette, aux bajoues flasques. Les cheveux courts, blonds, privée de toute féminité, elle faisait de la publicité pour de la nourriture canine. Yazid aurait bien aimé la rencontrer, discuter avec cette grande amie de Jimi Hendrix, « l'homme coloré, interracial » qu'elle avait peint aussi comme tant d'autres femmes éplorées.

Il abandonna les travées vides du Jefferson et repartit vers son dôme, prêt à ranimer de ses cendres ce passé lointain qu'il n'avait pas connu. Pendant plusieurs semaines, il ne m'envoya plus aucun mail de cette épopée en morceaux qu'était le Jimi Hendrix fantôme :

Au habitants d'Electric Ladyland,
Absence

Holà,

Message aux personnes avec qui il m'arrive d'être en relation de façon assez régulière via le @: Je voulais juste vous signaler un très court absentéisme du 24 au 29 janvier, pour cause de réexamination du parallélisme en haute altitude.

Le défi étant par la même occasion de tenter de «décrocher» momentanément du web...

Kiss
Y.

Je n'étais pas habitué à ses absences. Pendant quelques semaines, je n'aurais plus de nouvelles du guitariste. Effectivement, Yazid « décrocha ». Ma boîte mail demeura vide, silencieuse. Il luttait contre sa drogue à lui, le web, accroché à son tableau de bord, au sommet de sa tour. Aurait-il mal digéré l'échec, je dirais même le crash, du Jefferson ?

J'appris les raisons de son silence. Il était amoureux et me l'annonça par texto : « J'ai rencontré une fille ! Elle se nomme Marie ! » Il me le disait sur le même ton qu'il aurait employé pour m'informer de la parution d'un album important. Une nuit, je le revis. Il portait une chemise blanche brodée d'or, qui descendait le long d'un fin pantalon. Mais à peine l'avais-je vu qu'il s'évapora pour resurgir derrière moi. Il revenait d'Inde, du Taj Mahal, où il avait voyagé avec sa mystérieuse fiancée, sans développer davantage car il observait une prudente discrétion sur ses amours. J'avais entrevu quelques-unes de ses dulcinées, des femmes grandes, brunes, magnifiques. Elles décoraient son cahier de photos, alanguies en travers de son lit, dans la tour, comme des papillons épinglés sur du liège.

– Celle-là, c'est Mina. Une photographe. Elle n'avait pas de domicile et venait chez moi. Je crois qu'elle vit toujours dehors. Et voici Cinna, au retour de Los Angeles, où elle fut serveuse.

Sa mère ne disait rien et préparait à manger pour toutes celles qui venaient.

Les amoureuses ne restaient jamais plus longtemps que le parfum d'une chanson, d'autres affluaient vers lui, afin d'être plus proches du ciel ou de la Passion.

Un soir, il avait reçu cet appel : « Bonjour, je m'appelle Marie. Un journaliste m'a donné votre numéro de téléphone. Nous organisons dans notre village de Feu une exposition sur le rock. Et on m'a dit que vous auriez des objets ayant appartenu à Jimi Hendrix. » Il répondit qu'il ne possédait aucun objet de la star. « Je peux quand même vous aider à monter une belle expo, ajouta-t-il. Et je peux, si vous le souhaitez, vous mettre en relation avec d'autres fans de groupes comme les Rolling Stones, Elvis Presley, les Beatles ou les Doors. » Ils échangèrent des mails si personnels et habités que Yazid s'éprit de la jeune femme, grâce à son écriture, sa sensibilité. Elle répondait parfaitement à ses aspirations, au point qu'il en était fasciné. Il ne savait rien d'elle, excepté qu'elle avait vécu au sommet d'une montagne en Chine, très loin, là où la terre touche les nuages. Il m'a montré une photo d'elle, mais je n'ai pu distinguer ses traits, brouillés par la mauvaise qualité du tirage, et la lumière très blanche, presque aveuglante d'un projecteur.

Ému et exalté par leurs conversations sur la toile, il chercha à la connaître, persuadé inconsciemment que cette âme tombée du ciel correspondait à ses attentes. Il réserva un billet de train jusqu'à Tarbes, puis loua une voiture et s'enfonça dans la campagne du Gers pour gagner le village de Feu. C'était un endroit très ombragé et frais, jalonné de grands chênes. On y accédait par une seule route. Les maisons en pierre de taille, avec des balcons en fer forgé, alignaient leurs jardins bien entretenus. Au centre, l'hôtel de ville affichait sa façade clinquante, en verre, presque démontable.

Derrière, se trouvait le grand salon des expositions qu'occupaient des bateaux et toutes sortes d'objets exhibés. Il arriva devant une porte, au premier étage, et sonna. Et elle se tenait là, devant lui, vêtue d'une jupe bleue, laissant apparaître de longues jambes. Il ne peut vraiment décrire sa beauté classique, mystérieuse, son visage asiatique aux fins cheveux de jais, ses yeux en amande qui vous pénétraient, assez cajoleurs. Elle n'était pas de grande taille. Dotée d'un solide caractère, elle se montra joyeuse, intéressée. Elle le tutoya aussitôt :

– Je suis vraiment contente de rencontrer un garçon qui en sait autant ! commença-t-elle.

Yazid ne disait rien. Sa timidité le paralysait toujours. Il la guérissait en s'abritant derrière son sujet favori.

Elle l'accueillit chaleureusement et l'invita à boire un verre. Yazid ne prononça pas un mot de trop, préférant répondre laconiquement aux questions trop personnelles de la jeune femme. Il n'aimait pas parler de lui et ramenait tout à Hendrix. Son train partait quelques heures plus tard. Mais il ne voulait plus rentrer. Elle l'accompagna à la gare, lui offrit un autre verre.

– Je compte m'installer à Paris un jour. Mon village est petit et j'en ai fait le tour. Tu m'emmèneras dans les endroits sympa, même si je n'aime pas trop sortir. Je préfère lire.

Il émanait d'elle une belle sensualité. La jeune femme aimait le soleil, s'attardait parfois dans la contemplation. Elle écrivait mais ne voulait pas publier par crainte de se voir refuser des manuscrits. Son orgueil le lui interdisait. Dans la municipalité, elle avait monté des expositions sur les poètes *beat*, préparait d'autres projets. Elle avait rédigé de nombreux dossiers, n'aimait pas se reposer, et dès qu'elle avait fini son travail, se rendait à des cours de danse et à des leçons d'allemand qui ne lui apprenaient rien, mais la prépareraient à une forme de rigueur, et l'occupaient.

Il la contempla sans parvenir à détacher ses yeux. Puis, il la salua et sauta dans le wagon à regret, la regarda fixement derrière la vitre tandis qu'elle agitait la main depuis le quai. À peine le convoi s'était-il ébranlé que Yazid sentit son téléphone vibrer dans sa main. C'était elle.

« Que se passe-t-il ? lui demanda-t-elle. J'ai une drôle d'impression.

– Moi aussi. Je ne comprends pas. »

Ils ne s'étaient pas touchés et éprouvaient une immense tristesse à l'idée de se quitter. Yazid semblait enfin avoir fixé son cœur définitivement, même s'il s'interrogeait sur son avenir. L'amour lui ferait-il quitter sa passion, son univers ? Il ne voulait pas y songer, malgré cette force qui l'avait emporté, la plus grande force depuis sa révélation de Hendrix au temps de l'adolescence. La vie adulte poussait en lui, mais il résistait, refusait de casser la douce coquille dans laquelle il s'était lové à plaisir à l'âge de quinze ans. Quelques jours plus tard, il appela Marie et repartit pour Feu. Il resta dormir chez elle, conscient que son amour naissant faisait vaciller ses certitudes.

Il se rendit à Feu chaque week-end, « oubliant » d'envoyer ses messages. Pourquoi n'y déménagerait-il pas son bureau, son antichambre ? Il songea à sa mère qui aimerait beaucoup ce paysage assez sauvage et isolé, bien différent de la cité de béton où leur famille vivait depuis si longtemps.

Il proposa à sa fiancée de travailler sur une autre grande exposition avec lui, à Paris, et il m'adressa aussitôt un courrier. « Si tu veux connaître mon amie, elle sera au vernissage à la Cité de la Musique ! »

Il savait que sa vie changerait bientôt. Un vrai foyer.

Hendrix l'accepterait-il ?

Aux habitants d'Electric Ladyland

Eh,

On frôle les 15 000 entrées pour *Jimi Hendrix Backstage* à la Cité de la Musique, et cela ne désemplit pas... Ces chiffres ne nous évoquent pas grand-chose (nous gens du disque!), mais d'après les responsables du lieu, ça marche très très très bien et ils sont très très très contents!!!

Quand on (je) pense à tout ce qui va arriver fin novembre et surtout décembre autour du guitariste (...) et que la totalité des médias annonçant l'événement n'avaient point vu l'expo...

D'abord, y a le 27 novembre (soixante piges!), avec l'arrivée de ce qui reste de la guitare la plus connue au monde. Avant, y aura la retransmission du très grand concert qu'ont donné Nguyên Lê et ses amis (la plupart d'entre vous n'y étaient pas, donc vous pourrez vérifier, ah, ah !).

Des millions de gens vont pouvoir tranquillement chez eux se rattraper le samedi 23 novembre sur France Inter grâce à «Alternatives» (23 heures, merci Laurence Pierre). Qu'on se le dise!

INVENTAIRE I

UNE CHEMISE

Yazid me parlait souvent de cet Anglais, Alan, qui avait jadis bien connu Jimi Hendrix. En 1969, il travaillait comme roadie pour des groupes de rock, et son appétit, son goût pour la fête avaient séduit le grand guitariste. Les deux hommes se promenaient au marché de Campden, achetaient des vêtements, prenaient du bon temps, buvaient des verres au Marquee. Un soir, Jimi lui donna sa chemise à fleurs, et John le remercia chaleureusement. La mort du guitariste le toucha profondément, et la chemise prit une forte valeur sentimentale à ses yeux. Devait-il la porter ? L'accrocher dans une penderie et ne plus la mettre, ou la poser dans un coffre, à la banque ? Pendant les années 1970, il s'installa à Paris, ne souhaitant plus revoir les endroits où il avait traîné avec Jimi. Il épousa une belle Française et continua à travailler dans la musique, gardant près de lui le cadeau du musicien légendaire et toutes les images de leur amitié. Il vieillit et continua à boire, à sortir jusqu'à fatiguer sa femme, lasse d'entendre ses vieilles histoires et de supporter un mari adolescent. La crise perpétuelle de l'industrie musicale le minait. Son existence vacillait. Le divorce et le chômage l'attendaient au tournant des années 1990. L'impécuniosité, les dettes, les crédits le poursuivirent comme une mauvaise maladie. Son propriétaire menaça de l'expulser de son appartement, dans le XXe arrondissement, s'il ne payait pas le loyer en retard. Il devrait vendre la chemise sacrée, qu'il n'avait presque jamais lavée de peur d'en altérer les couleurs ; il ne doutait pas de pouvoir en tirer une forte somme. Il proposa l'objet à Drouot après avoir pris soin d'emmener une photo où il apparaissait en compagnie de Jimi vêtu de la fameuse chemise. Les commissaires priseurs l'identifièrent et la vendirent aux enchères. Alan ne chercha jamais à connaître l'identité de l'acheteur, il s'en moquait. Il pensait à un fan collectionneur, l'imaginait plaçant la relique dans une vitrine ou une penderie. Se séparer de ce souvenir lui fut douloureux. Il reçut une forte somme d'argent, et tenta de réparer ses blessures. Il avait conservé un toit. Crever dans la rue, même avec le voile de Tanit sur le dos, ne lui disait rien. Puis, en se rendant à l'exposition de Jimi, il aperçut la chemise, SA chemise déployée sur un promontoire de satin, protégée par une glace. Elle était intacte, ses couleurs toujours aussi éclatantes, ou du moins c'est le souvenir qu'il en garderait longtemps, peut-être faussé par sa passion. La machine à recycler de Jimi Hendrix avait récupéré l'objet pour l'exploiter. C'était étrange. Alan ne pouvait s'empêcher de penser qu'il avait trahi son ami.

Il repartit, résolu à la racheter un jour, sans trop y croire.

ebaY

Free Shopping

34 thousand cans of Jimi Hendrix energy drink 16oz cans — the Jimi Hendrix liquid experience free shipping WOW

TIME LEFT : 7 days 18 hours (Dec 12, 200919:45:59 PST)

STARTING BID : US $ 32,000.00

PayPal VISA BANK

INVENTAIRE II

LA GUITARE BRÛLÉE

Miami Pop Festival: suite...
vendredi 23 août 2002 0:30:15

Aux habitants d'Electric Ladyland,

Dear all,

Une guitare brûlée sur scène qui, plus tard, a appartenu à Frank Zappa, a été mise aux enchères à Londres. La Fender Stratocaster a été vendue par le fils de Zappa, Dweezil. Le commissaire-priseur Cooper Owen a posé un prix minimal de 535 000 $ (350 000 £) pour la vente du 24 septembre. Hendrix mit le feu à l'instrument lors du festival pop de Miami en 1968. Il le donna ensuite à Frank Zappa qui le restaura et l'utilisa sur son album *Zoot Allures*.

Take care

Y

PS: À ce jour, on n'a pas réellement de certitude concernant le soi-disant incendie de cette Strat à Miami, mais qu'importe! S'il y en a parmi vous qui souhaiteraient me faire un cadeau!

Bonne journée!

Elle était là, magnifique objet cramé, sorti des flammes, presque désarticulé, dans la vitrine. J'avais envie de la toucher. Yazid, à mes côtés, ne la quittait pas des yeux, comme s'il regardait un balai de sorcière. Il me raconta le parcours de l'objet, comme je l'avais lu dans ses mails précédents.

Aux habitants d'Electric Ladyland

La plus belle histoire que j'ai entendue sur Hendrix

Hi,

Au départ, j'ai envoyé le texte suivant en anglais aux fans du monde entier, et puis cette histoire était si top que le mieux était d'élargir le mailing, donc de vous l'envoyer (que vous soyez fan ou pas, peu importe). Voici donc ce que m'a récemment conté Sal Bernardi, un zicos américain habitant la capitale :

«C'était en 1968. J'avais quinze ans et je jouais dans un groupe qui s'appelait The Blues Generation, dans le New Jersey. Notre idole était Jimi Hendrix. Je ne sais plus comment mais on a réussi à se procurer les coordonnées de son hôtel à Manhattan. Alors on l'a appelé. Il ne faut pas oublier qu'à l'époque, il était au sommet de sa carrière. Normalement, il ne devait guère s'intéresser aux ados de l'autre rive qui lui posaient des tas de questions stupides sur sa carrière, mais en fait, il était très gentil, très abordable. Il parlait de *Axis: Bold As Love*, et du sens des paroles de ce morceau: «Shiny metallic purple Armor and the grassy green ground» («l'armure violette métallique et la terre verte couverte d'herbe») – des références à ses expériences de parachutiste à l'armée. Dans les jours qui ont suivi, chacun d'entre nous a appelé notre pote Jimi à son tour. Quand le mien est enfin arrivé, j'étais tellement excité que j'arrivais à peine à parler. Mais un ami du groupe m'a rassuré en disant que Jimi était vraiment cool, et qu'il me parlerait aussi longtemps que je le voulais. Alors, j'ai composé le numéro. Une voix m'a dit:

— Allô?

— Salut, Jimi! Je m'appelle Sal. Je fais partie du groupe The Blues Generation.

— Écoute, mon grand, m'a-t-il répondu, je suis un peu occupé. Tu peux me rappeler plus tard?

Ça m'a soulagé car j'avais la trouille, et je n'avais aucune idée de comment continuer la conversation. Il devait jouer au Fillmore East cette même semaine, et on avait des places pour aller l'écouter. Au cours d'une des conversations, quelqu'un lui avait demandé de dédier «Foxy Lady» à notre groupe. Jimi avait dit qu'il le ferait, mais on était sûrs qu'il allait l'oublier ou qu'il s'en fichait. Le jour du concert est arrivé et nous avons pris le bus pour aller en ville. Il faut dire que notre groupe avait beaucoup d'importance pour nous. Il ressemblait plutôt à un gang. Nous étions des rebelles aux cheveux longs, et nous ne rentrions pas dans le moule de la banlieue ouvrière. Le groupe représentait une oasis sociale en quelque sorte… Le Fillmore était bourré à craquer ce soir-là. Nous avons tenté d'aller backstage, mais c'était impossible. Pourtant, nous avons pu apercevoir Jimi Hendrix, juste avant qu'il entre sur scène. Pour nous, des gamins de quinze ans bien défoncés, c'était impressionnant. La lumière lui faisait une belle silhouette, avec son chapeau, sa clope (ou son joint) au bec, et sa guitare, le tout enveloppé d'un nuage de fumée… Debout, au fond de la salle, dans nos blousons militaires, on a écouté le concert en soufflant notre nuage à nous… C'est alors qu'à un moment, dans le set, notre idole s'est approchée du micro et a dit: «Je voudrais dédier cette chanson au Blues Generation.» Puis, il s'est lancé dans l'intro larsen de «Foxy Lady». Nous nous sommes regardés bouche bée, euphoriques, c'était un très grand moment. Un véritable saint! Malgré toute la gloire, toute la drogue, tous les admirateurs, le fait qu'il pense, une semaine plus tard, à dédier une chanson à quelques gamins et à leur groupe était vraiment incroyable. Comme le héros de base-ball Babe Ruth, qui a marqué un grand point pour un garçon malade.»

Sal Bernardi est guitariste, joueur d'harmonica et de synthés. Compositeur-interprète de la région new-yorkaise, il compose, enregistre et tourne avec Rickie Lee Jones depuis 1982. Récemment, Sal a composé trois titres du nouvel album de Willy De Ville, Horse From A Different Color. Quand j'ai entendu cette histoire, j'ai été absolument cloué! Ça me semblait absolument impossible, et il fallait que j'arrive à vérifier c'truc là. Hendrix n'ayant joué qu'une seule fois au Fillmore East avec l'Experience, j'ai vite trouvé que le concert se trouvait sur le pirate *It's Like A Papermoon* (10 mai 1968). J'ai demandé à Caesar Glebbeek de réécouter l'intro de «Foxy Lady» sur le bootleg pour voir à qui Jimi la dédicaçait (si dédicace il y avait!). En général, ce titre fétiche plutôt hot était très régulièrement adressé à la fille du troisième rang au slip jaune (bleu, rose, etc.)… Fille que Jimi pointait du doigt! Bref, pour en revenir à notre histoire, Caesar m'a immédiatement confirmé par retour de mail que Jimi avait en effet dit: «(…) dedicated to The Blues Generation.» Waooohh, fallait voir ma tête !!! J'trouvais ça extraordinaire !!! Vous auriez dû entendre le cri de Sal Bernardi quand je l'ai rappelé pour lui apprendre qu'on avait le son du concert avec la dédicace juste avant l'intro de «Foxy Lady».

Voilà. Et moi, je ne me lasse pas de raconter cette histoire. Sal a bien mérité, trente ans plus tard, de recevoir sa cassette. Comme il le dit: «Finalement, ce n'était pas qu'une hallucination des années 1960.»

Bye

Y

Stay cool, stay groovy, stay tuned, stay experienced!

NUIT BLANCHE À SEATTLE

Cette nuit-là, Yazid fit un cauchemar. Une Dame renard, la « Foxy Lady », était assise sur son lit, avec sa peau fourrée de feu et ses yeux étranges. Dehors, la lune était rouge et les loups hurlaient. Il avait des bruits de voitures, de klaxons dans la tête, et il se bouchait les oreilles, volait au-dessus de la ville, jusqu'à cette pure herbe verte au cœur de laquelle brûlait une maison rouge. Il planait haut dans le ciel, mais se trouvant prisonnier du brasier, il suffoqua...

Il se réveilla en sueur. Le silence régnait autour de lui. La lune n'avait pas pris feu. Elle se balançait, devant ses fenêtres, toujours aussi blanche au-dessus de l'ombre des toits. Il n'y avait pas un bruit. Djima dormait profondément. Il se leva, entra dans le salon noyé d'obscurité, puis alluma son ordinateur, avec prudence, comme s'il allait voir des monstres apparaître. Il envoya le premier mail de la journée :

Aux habitants d'Electric Ladyland,
Pub

Hey,

Après «All Right Now» pour Citroën:

Pub TV pour le nouvel Espace Renault avec «All Along The Watchtower»...

y

Puis, il s'habilla. Une journée passionnante l'attendait. À la Cité de la Musique, il recevait des journalistes à travers l'exposition « Jimi Hendrix Backstage » et leur servait de guide.

Je n'y ai pas vu Marie. Elle avait regagné son village pour des raisons familiales. Une violente tempête s'était abattue sur la région, arrachant les arbres. Des maisons avaient été écrasées. La jeune femme avait préféré rester là-bas pour aider les habitants. Tout en la comprenant, Yazid ne cachait pas sa déception. Mais après leur voyage au Taj Mahal, et à Tokyo, il avait eu envie de poursuivre une relation quotidienne. Elle prenait le train, posait ses valises à Fontenay-sous-Bois, passait le week-end, puis disparaissait le dimanche soir avec regret, car la nuit leur donnait à tous les deux un éclat particulier. Il savait toujours où l'emmener, quels murs traverser. Avec lui, elle perça les secrets de Paris, avait l'impression de vivre au plus près de Jimi. Tous les passages secrets, les moindres recoins y passèrent. Elle entendit du jazz, du blues, retrouva des survivants oubliés, revit le Taj

Mahal, mais cette fois, il était humain, géant et noir. Il l'emmena voir un film des frères Cohen et eut le plaisir d'y entendre une version *live* rare de « Machine Gun ». Yazid en sauta de joie. Son ordinateur fumerait une bonne partie de la nuit, mais il devait communiquer la bonne nouvelle. Il ressentait une telle bouffée de plaisir quand Jimi le surprenait alors qu'il ne s'y attendait pas.

Yazid voulait s'installer avec Marie, se sentait prêt à quitter son vaisseau, sa ville, sa mère, Hendrix (même si Marie refusait de se détacher de leur passion commune, de leur raison de vivre). Malheureusement, il ne la voyait pas aussi souvent qu'il le voulait, et toutes ses propositions de voyages, d'escapades demeuraient sans réponse. Il avait mis de l'argent de côté et nourrissait des projets d'avenir, ce qu'il n'avait jamais osé jusqu'à présent concevoir. Se marier, avoir des enfants... Il se répétait qu'il était trop vieux pour céder à ce genre de caprices, et la perspective de quitter le territoire de l'adolescence ne le comblait pas de joie. Mais l'inconnue que représentait l'amour le tentait terriblement. Il aurait une existence stable, adulte, rejoindrait le monde des personnes normales.

Comment vivre ce genre de liaison, à des centaines de kilomètres de distance ? Les séjours parisiens de Marie ne l'avaient pas tellement exaltée. Les voitures, la pollution, la circulation, la foule l'avaient rendue malade et déprimée. Elle détestait la ville et n'avait qu'une hâte, retrouver sa verdure, son petit coin de paradis isolé. Il insista, commença à repérer des appartements, mais elle changeait de conversation et prenait ses distances. Elle avançait toujours une occupation pour éviter de le voir. Il lui écrivit des lettres dont il conserva le secret. Les réponses de Marie cinglaient :

« Si tu veux que l'on vive ensemble, il faudra t'installer chez moi, à Feu ! La dernière tempête a causé beaucoup de dégâts. Les gens ont besoin de moi. »

Yazid tergiversait pour la première fois. Vivre à la campagne signifiait beaucoup de sacrifices. Ne perdrait-il pas la connexion ?

Il apprit la mort du batteur Mitch Mitchell dans sa chambre d'hôtel de Portland alors qu'il célébrait la mémoire du grand guitariste. La presse rappela que sa frappe brûlante donna à des morceaux comme « Fire » ou « Crosstown Traffic » une énergie diabolique. Je l'ai su pour une fois avant que Yazid ne m'en informe. Et j'ai tout de suite eu envie de l'appeler pour en apprendre davantage. Mais il ne put m'en dire plus. « On attend l'autopsie. » Les deux musiciens de l'Experience avaient tiré leur révérence sans trop d'éclat, comme s'ils éteignaient la lumière.

Yazid continua à voir Marie, de manière étrange, hésitant à émigrer à la campagne, à disparaître. Elle le pressait de prendre une décision. Il ne répondit pas, attendant la parution, annoncée, d'un nouvel album, *Valleys of Neptune*. Bien sûr, il n'assurerait pas la promotion du CD, du livret, ni des commentaires officiels. Janie l'avait exclu, mais il restait la Voix suprême qu'on venait chercher. Les journalistes avaient commencé à l'appeler afin de rédiger leurs articles. Il savait bien qu'aucune chanson inédite ne figurerait sur le disque. Une version du « Bleeding Heart » d'Elmore James avait de quoi séduire. Décidément, il ne pouvait déménager son laboratoire ou le quitter.

Je lui rappelai une vérité : on ne s'installe pas avec une chanson ! Il me regarda et me dit : « Tu as raison ! Je n'y avais pas songé. C'est incroyable ! »

Il pensa à « The Wind Cries Mary », sorti en 1967, sur un simple 45 tours, œuvre qui ne serait jamais accrochée à un grand album, comme un chant solitaire.

« Le vent se souviendra-t-il jamais / Des noms qu'il a enfouis dans le passé. »

À peine en eût-il la révélation que la jeune femme éclata comme une petite bulle. Elle disparut et retourna dans ses mémoires ou son imaginaire, qu'elle n'aurait jamais dû quitter. Une illusion d'amour qui se confondait avec Hendrix. Pourtant, il avait « vécu » son plus long bail – sept années – en charmante compagnie, et il aurait bien continué malgré les différences de caractères. Il essaya de la rappeler, ne pouvant se résoudre à leur séparation, mais Marie avait quitté la France sans laisser d'adresse.

De nouveau seul, à la fois triste et soulagé, il retrouva son vaisseau, là-haut, et plongea dans les Vallées de Neptune. Il m'avoua qu'il n'avait pas renoncé à fonder un foyer, à changer de vie ; il finirait par trouver la bonne personne. Elle ne s'appellerait pas Marie, ni Janie, ni Monika.

Il avait repris sa quête. Un étudiant, présent sur la scène de Woodstock, avait tourné des images où Jimi affichait une nouvelle facette, peut-être un sourire, un geste... Janie l'avait trouvé, mais elle cherchait maintenant un autre film qui montrait le concert de Dallas, en 1970. Yazid rêvait aussi de mettre la main dessus, d'arracher cette bande à la poussière d'une armoire, quelque part dans le monde, d'être le voyageur providentiel capable de faire revivre le Génie, les couleurs d'autrefois. Il verrait ce qu'aucun œil n'avait encore vu. Il voulait gagner la course contre la mort.

J'apprends qu'il est parti pour Seattle, vêtu de sa belle tunique blanche aux motifs dorés. Il a pris la direction du cimetière de Greenwood, à Federal Way...

« Non, pas à Federal Way. À Renton ! », me coupe-t-il. Je me retourne, et je l'entends comme s'il rectifiait mon erreur directement dans mon oreille.

Comment peut-il se trouver aux États-Unis et ici en même temps ? Sa voix tonne partout.

À Seattle, pour une fois, il fait un beau soleil. Yazid jette une rose sur la tombe de Jimi. Il a cru distinguer Marie, derrière les feuillages, mais c'était un mirage.

Il ne voit pas le soir arriver et s'endort, heureux.

Il appartient tout entier à cet enclos de silence.

TABLE

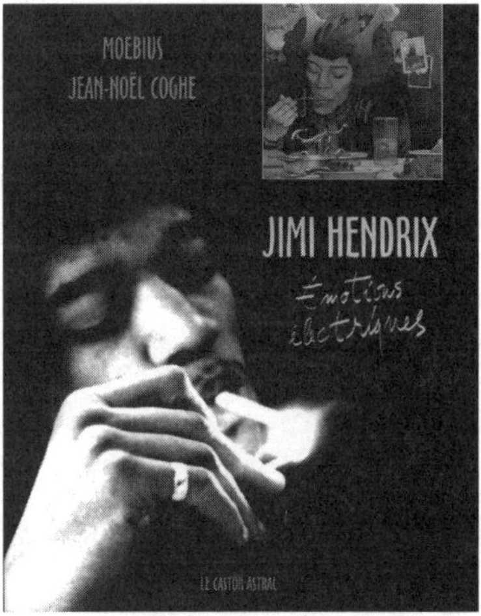
MOEBIUS
JEAN-NOËL COGHE
JIMI HENDRIX
Émotions électriques
LE CASTOR ASTRAL

PHILIPPE KOECHLIN
Mémoires
de rock et de folk
LE CASTOR ASTRAL

CHEZ LE MÊME ÉDITEUR

Jean-Noël Coghe / Moebius,
Jimi Hendrix, émotions électriques

Renaud Ego, *Jimi Hendrix*

Philippe Koechlin,
Mémoires de rock et de folk

Zéno Bianu,
Jimi Hendrix (aimantation)

Cet ouvrage a été achevé d'imprimer par l'Imprimerie France Quercy le 22 mars 2010. Composition Ateliers Graphiques de l'Ardoisière à Bègles.

N° d'éd. : 820 Dépôt légal : mars 2010

Imprimé en France